阅读点亮
智慧人生

云岩涛／著

中国书店

图书在版编目（CIP）数据

阅读点亮智慧人生 / 云岩涛著. — 北京：中国书店，2019.3

ISBN 978-7-5149-2159-5

Ⅰ.①阅… Ⅱ.①云… Ⅲ.①青少年—阅读辅导—研究 Ⅳ.①G252.17

中国版本图书馆CIP数据核字(2018)第176793号

阅读点亮智慧人生

云岩涛　著

责任编辑：李金涛

出版发行：中国书店

地　　址：北京市西城区琉璃厂东街115号

邮　　编：100050

印　　刷：北京紫瑞利印刷有限公司

开　　本：880mm × 1230mm　1/32

版　　次：2019年3月第1版　2019年3月第1次印刷

字　　数：100千字

印　　张：4.25

书　　号：ISBN 978-7-5149-2159-5

定　　价：42.00元

自 序

中文系毕业之后，著者先后从事了教师和图书编辑的工作，这两个行业都和书缘分不浅。要说对书的喜爱，初心本是修身，之前很少想到，会因为阅读影响别的人。在网络等新媒体的介入下，阅读的影响不再局限于一个人或单个家庭，而是被不断放大。特别是近年来随着语文中高考的不断调整，越来越多的家长朋友意识到阅读对孩子的重要性。可是，有些家长在领孩子步入阅读大门时不得其法，也不知道该给孩子读什么样的书。在这样的大背景下，著者开始在不同场合和家长朋友分享自己的感受和体会。

从2004年开始，著者先后活跃在摇篮网、宝宝树和e度空间等处，带动妈妈们陪孩子读书，这个阶段主要是给妈妈们推荐书，既有适合家长看的也有给不同年龄段孩子推荐的书目。但从专业的角度来看，这个阶段多凭初生牛犊不怕虎的热情，考虑得更多的是喜欢，在阅读理论和技巧上没有进行深入的研究。

2015年之后，随着微信等平台的火爆，瞬间搅动起数量庞大的对阅读有热望的潜在人群。著者先后受邀在不同的微信群开设专业的阅读指导课程。在由分享到研究转变的大前提下，从十多年的阅读推广和研究中，总结出一套适合不同年龄段孩子的操作性和持续性更强的阅读指导体系，希望可以更好地帮助家长陪伴孩子阅读，让孩子从阅读中受益更多。此后著者陆续在千聊、荔枝、学而思、家长帮等平台，以及机关、公司和部分学校等线下开设系列阅读指导课程，在阅读推广中，尽了些绵薄之力。

　　本书脱胎于2015年后的历次讲座，在成书的过程中，著者做了更为系统化的调整，以期从激发孩子阅读兴趣开始，固化孩子的阅读习惯，帮助孩子掌握提升阅读力的小技巧，在适合孩子的营养书单和智慧书单的辅助下，让阅读更好地助力孩子的成长。

　　在生活中，著者秉持"数百年旧家无非积德，第一件好事还是读书"的信条，也希望更多的家长朋友从阅读中受益，因为一个热爱阅读并且身体力行的人，收获的必定是一个更加丰盈的灵魂。未来很长，希望家长朋友可以从这本小书中吸纳些力量，可以更好地帮助我们的孩子在人生的道路上收获因热爱阅读而结的硕果。

云岩涛

2019年1月写于北京

目　录

第一章　阅读的重要性 …………………………………… 1

一、与阅读力相关的因素 ………………………………… 5

二、阅读力与学习成绩的关联 …………………………… 6

三、阅读与孩子的成长 …………………………………… 13

第二章　激发阅读兴趣 ——亲近图书 …………………… 17

一、大氛围小空间 ………………………………………… 21

二、合理利用多种图书资源抱团取暖 …………………… 22

三、注重阅读前的热身 …………………………………… 24

第三章　激发阅读兴趣 ——轻松阅读 …………………… 29

一、从绘本开始，让孩子爱上阅读 ……………………… 31

二、从漫画入手，让孩子舒适阅读 ……………………… 35

三、注重孩子的睡前阅读 ………………………………… 39

第四章　提升阅读力的小技巧 ——激情动力 ………… 41

一、让阅读和孩子的生活发生关联 ……………………… 45

二、适度的物质奖励与鼓励 ……………………………… 51

第五章　提升阅读力的小技巧 ——习惯养成 ………… **55**

一、朗　读 …………………………………………… 57

二、主题阅读 ………………………………………… 59

三、与注意力培养相结合 …………………………… 60

四、快读阅读能力的培养 …………………………… 63

第六章　提升阅读力的小技巧 ——精深练习 ………… **73**

一、阅读的一般规则 ………………………………… 75

二、多和孩子讨论 …………………………………… 77

三、找关键词以及中心句的训练 …………………… 85

四、用思维导图做读书笔记 ………………………… 89

第七章　营养书单 …………………………………… **93**

一、幼儿期 …………………………………………… 97

二、小学低年级 …………………………………… 103

三、小学高年级 …………………………………… 109

第八章　智慧书单 ………………………………… **117**

一、动物小说 ……………………………………… 119

二、历史作品 ……………………………………… 121

三、青春期读物 …………………………………… 124

参考书目 …………………………………………… **127**

第一章
CHAPTER ONE

阅读的重要性

说起阅读，让家长焦虑的问题确实很多。诸如孩子不爱读书怎么办？孩子该读什么书？孩子读了书，能理解书中的含义吗？林林总总，不一而足。孩子不读书家长发愁，读书读不到家长希望的点儿上，家长依然愁肠百结。

实际上，阅读也是一种能力，但凡涉及能力的问题，都可以通过技巧性的训练得到提升。如果在孩子很小的时候，就让孩子感觉阅读像呼吸一样自如；如果在孩子小学阶段，开始对孩子进行有针对性的专业训练，孩子的阅读能力必然会水涨船高。

众所周知，随着近年中高考连续改革，孩子的阅读能力被提升到历年来的最高点。我们习以为常地理解阅读仅仅和语文成绩有关联。表面上看起来，孩子数学成绩不高，物理和化学一到考试就发蒙，好像都是理科出了问题，实际上，这些都和孩子的阅读能力密切相关。

除此之外，通过大量的调研，我们发现，有的孩子阅读量大，但是阅读成绩依然不高。这种现象貌似有悖于我们平常强调的通过大量阅读即可无师自通地提升孩子阅读成绩这个规律。

从本质上来说，如果把目光放长远一些，长年累月的大量阅读，必然会提升孩子的阅读理解能力。但是对于学习任务重学习时间紧的在校学生，要想在短期内提升自己的阅读理解能力，必然不能走寻常路。

如果把提升孩子阅读理解能力当成"道"，那么一定有绝妙的可操作性比较强的"术"帮助我们得"道"！

从哪些方面入手，可以有效帮助孩子提升阅读成绩？

功夫在诗外，通过日常的阅读训练，可以帮助孩子在有限的考试时间内，通过快速阅读短时间内攫取文章的有效信息，同时辅以针对性的科学的阅读训练，便可快速提升孩子阅读文章的细节能力、概括能力，以及鉴赏能力。如此操作，必然会让孩子们逢山开路，遇水架桥，轻松应对所有阅读问题。

平日里我们习惯说"读写不分家"。会读书的孩子，写作能力必然更胜一筹。

纵观近年来中高考作文考察轨迹，确实呈现出越来越重视孩子独立思考能力的趋势。孩子在有限的时间内分析材料、确定主题，进而谋篇布局，绝对是一项牵一发动全局的大工程。

试想，哪个家长哪位老师不希望孩子们妙笔生花呢？

想要孩子的作文出神入化，离不开日常有意识的积累。那么，好文笔从哪里来的呢？是写出来的还是读出来的呢？

我们的注意力不用纠结于到底是"先有鸡还是先有蛋"这个问题，我们要确信，所有的好阅读必然会引导孩子进入好写作的至高境界。那么，该读什么书，怎么去读？大量阅读之后，用什么样的办法在阅读和写作中间架起一座桥梁，让天堑变通途？

在阅读和写作这件事儿上，无论是家长还是孩子，不必被"读和写"吓破胆子。在战略上，我们要重视"读和写"这个强敌，在战术上，我们要善于从既往经验中找到最适合自己的那条坦途，让孩子们在提升的道路上少一些障碍，多一些助力！

生活中经常有家长抱怨自己的孩子不爱读书。当然，没有哪个孩子天生痛恨阅读，但也不是每个孩子都热爱阅读。不过，不管孩子对阅读是爱还是不爱，广泛的阅读研究证实，一个孩子早期成功获取阅读能力，也就是阅读力，通常会导致他获得良好的自学能力，这样的孩子肯定会更轻松地获得成功。

那么这种能力，也就是阅读力和哪些因素相关？

一、与阅读力相关的因素

经济因素：按照家庭收入情况，可以把家庭分为高收入家庭、中等收入家庭、低收入家庭三种。

根据家庭收入的情况，追踪一年级到五年级的阅读成绩。一年级入学时，高收入家庭孩子的阅读成绩比低收入家庭的孩子普遍高三分之一。之后随着学校教育的介入，孩子在校内的阅读成绩普遍呈正增长趋势，但是差距缩小的趋势不明显。

另外，大量的调查发现，家中有藏书的孩子，大学毕业的比率比起家中没有藏书的孩子多出五分之一。此外，家中藏书量若超过500本以上，孩子受教育的时间也平均多出了3.2年。由此可见，家中藏书量和孩子接受教育的时间长短有着密切的关系。

可以发现，源于经济条件产生的各种现象，对孩子阅读力的形成有着一定的影响。

家长习惯：日本畅销书作家三浦展为了彻底搞明白孩子成绩的好坏到底是由什么来决定的，对1443位妈妈做了问卷调查。在《阶层是会遗传的》这本书里，三浦展得出这样一些结论：妈妈喜欢读书，孩子成绩相对会高；孩子的成绩和爸爸阅读的书籍量成正比；孩子本身的成绩和阅读也是成正比的关系。

中国和日本同属亚洲国家，在文化上有许多相通之处，三浦展的研究对我们有一定的借鉴意义。

阅读量：这点比较容易理解，古人云，熟能生巧。任何一种能力，其实都是从简单重复中得到提升的，这也非常好地印证了国外一万小时成功理论。在《异类》一书中，格拉德威尔说过："一个人在学习的过程中，要完美掌握某项复杂的技能，就要一遍又一遍艰苦复习，而练习的时长必须达到一个最小的临界量。事实上，研究者们就练习时长给出了一个神奇的临界量：10000小时。"阅读这件事也不能例外，读得多了，孩子的阅读能力自然会提升。

一般来讲，家长可以通过两种方式提升孩子的阅读力：要么是让孩子进行大量的阅读，这个花费的时间会长一些，因为质的飞跃必须得有量的积累；要么是有针对性地让孩子精读，精读对孩子阅读能力的提升非常有帮助，但是对部分孩子来说，不当的精读会在一定程度上伤害孩子的阅读兴趣。如果有技巧地把精读和泛读两者结合起来，会是一种比较理想的状态，当然效果也会更好。

二、阅读力与学习成绩的关联

在日常生活中，我们习以为常地认为，阅读力是语文学科必不可少的能力。实际上，随着中高考等考试的不断改革，我们发现，阅读力对语文以外的科目影响日趋明显。

1.阅读力与语文成绩的关联

聊阅读，怎么都绕不开语文教学。也许我们的孩子还小，但是，我们的孩子终将参与高考或者出国留学的大潮中。我们培养孩子，不能只关注眼前，我们需要放眼诗和远方的田野。智慧的父母，是能够放眼孩子的成长，对孩子的未来有预估并且能正确引领的家长。

在2017年高考改革的大纲中，语文学科强调增加学生的阅读量、全方位考查学生的古代文化常识。而且，不久的将来，语文在高考中的分值将由150分提高到180分。可见确实越来越有得语文者得高考的趋势了，而且毫不夸张地说，未来这个趋势会更加明显。即便孩子将来不参加国内的高考，孩子也可能会出国留学，西方国家的学校，更要求孩子有非常好的阅读和写作能力。

用什么办法让我们的孩子更轻松更游刃有余地应对这些事情呢？

大量的证据证明，只依靠阅读，足够培养孩子的语文能力。但是我们家长首先得明白，阅读力不足，会给孩子带来什么样的后果。

（1）阅读能力不足，语文成绩高不了

就近几年的语文高考卷子来讲，卷面本身的文字，比起前几年基本上多了3000字左右，也就是说，现在的孩子，需要在同样的单位时间内，得多阅读大概3000字左右。如果阅读力不足，阅读速度不够快，光是读这些字就会浪费好些时间，情况严重的，可能在规定时间内连题都答不完。所以在平时，孩子们不但阅读量要上去，还得慢慢有目的地训练阅读速度，这样孩子应对考试才能更自如。可是日常生活中，家长往往更注重孩子阅读量的积累，忽略阅读速度的问题。在后面的章节中，会有针对性提高阅读速度的内容，此处不赘述。

生活中我们习惯强调教育孩子要因材施教，除此之外，家长更应该注意对孩子因时施教。什么是因时施教呢？俗话说，种庄稼需要不误农时，就阅读这件事情来讲，一定要从小抓起，在孩子上初中前，让孩子完成大量阅读的初步积累。

因为孩子上初中之后，学习时间会更加紧张，升入高中之后，更缺少大块的阅读时间。而北京教改要求孩子们在高考前需要读够读透12本名著。与其在孩子大考前突击阅读，搞得孩子消化不良，不如在孩子小学阶段，相对时间富余的情况下初步完成这项工作。哪怕书中的内容一时半会儿消化不彻底，但是至少在孩子内心深处已经初步播撒下这些必读书目的种子。在孩子理解能力达到一定高度的高中阶段，回过头再去快速阅读，感受必然会更加深刻。

对于低年龄段的孩子来说，高考貌似遥遥无期。但是从目前的处境出发，小学生的家长会发现，无论哪一门课考试出题的表述都有越来越生活化的趋势。很可能有好多行描述性文字，最后要求孩子填的就是一两个空。这是为什么呢？因为考试的出发点已经不仅仅局限在考察孩子记忆知识的能力方面了，考试更注重孩子们运用所学的知识解决实际生活问题的综合能力。

总体而言，希望通过机械式记忆在语文考试中拿高分的年代已经一去不复返。如果孩子的阅读力不足，分析问题解决问题的能力必然不足，语文成绩必然高不了。

（2）阅读能力不足，只能理解字面意思

字和字单独放在那里，就像生活中的木料似的。但是字和字一旦组合，就容易行成蕴含十足美感的艺术空间。就好像那些木料，一般工匠做的是可以使用的生活用品，但是经过优秀设计师设计之后，可以打造成不同样式的艺术作品。

中国传统文化博大精深，不同的单字组合在一起，会营造出全然不同的美感。比如"肝肠寸断"一词，多用来形容人悲痛至极。但是如果从每个单字去解构该词，从字面本身的意思去想象肝脏和肠子一寸一寸断开，这幅画面会让人觉得毛骨悚然，读者更无法体会由该词引申出的独具特色的悲伤美感。可见，一个孩子如果阅读能力不足，是没有办法把握整体文意的。

生活中，成年人经常出现虽然每个字都认识，但是读不懂说明书、官方通知、保险条款的情况。成年人可以说自己的生活能力不足，可以选择放弃解决这些问题，但是孩子无法选择放弃考试。很多孩子阅读题丢分，也和这个密切相关。而这种能力，完全可以通过阅读获取。

（3）阅读能力不足，抓不到文章主旨

概括来讲，高考现代文阅读题考察的是孩子对文章的细节把握、分析概括以及鉴赏能力三方面的内容。在高考语文阅读题评卷中，有一个最基本的给分原则，是找答案中的关键词。如果评卷老师能够及时识别回答中的关键词，同时整句话没有明显的错误，那么考生就可以得分。

平时有很多家长朋友特别迷惑，为什么自己的孩子读了很多书，但是做阅读理解的时候还是老丢分？其中一个重要的原因是，孩子读了再多的书，找关键词和关键句的能力还是没有提高，相应的，分析概括能力就比较容易出问题，孩子对文章主旨的把握必然也会随之产生困扰。如何解决这个问题，在后面讲阅读技巧的时候再深入解析。

（4）阅读能力不足，作文成绩受限

在一定意义上，评判作文好坏的标准，在切题的基础上，一个是框架，即所写的文章有整体感，另外一个是文采，即在清楚明白前后连贯地表达清楚自己意思的基础上，还可以用更有活力、更有深度的语言展现自己的见解。我们都知道，写东西的人可以自己心里有一个成熟的文章骨架，当然，最高深的是，你有骨架，还不能让别人一眼就看透了。也就是说，写文章最高的境界，应该是"只见明莹，不见衬露明莹之颜色；只见精微，不见制作精微之痕迹"。当孩子用非常精到美妙的语言让文章骨架立起来，文章就会变得血肉匀称健美。这两点做好了，文章自然就会与众不同。

但是这种好的写作能力是从哪里来的呢？

好写作都是从好阅读中培养出来的。

好的写作是通过大量阅读后，先在潜意识中产生，之后被头脑合理吸收，再然后才在写作中外化出来的。从我们平时学习语言的经验可见，学语言，都是从输入信息（听）开始的，而不是从输出信息（说）开始的。所有人都得先理解信息（能听懂），然后才能制造信息（会写作）。

很多家长困惑，孩子读了很多书但是作文依然写得一般的问题，其实问题所在就是这个原因。因为虽然孩子读了，但是孩子没有经过合理吸收这个环节，也就是思考环节，所以，他对文章结构没把握，最多他的文章中会有些思想的小亮点以及优美词句，但在框架上不容易成功。

再加上由输入到输出的转化，还有一个时间的问题存在，所以，肯定不可能输入马上能顺利转变为输出。假以时日，坚持不懈，在好方法的辅助下，输入到输出的转变会更容易一些。

2.阅读与其他科目的关联

说阅读离不开一个关键词，那就是阅读力。阅读力，即阅读能力。阅读能力不仅仅和语文能力密切相关，阅读力不足，学习任何课程都有困难。所有课程的学习，都需要经过听讲这个环节，如果孩子听不懂看不懂，短时间反应慢，日久天长打击信心。此外，所有其他科目的学习，都离不开理解题意的环节，如果阅读力存在问题，理解题目就会成为孩子顺利解决问题的拦路虎。

（1）阅读能力与数学成绩的关联

其实小学数学学习，本质上来讲，是在考察学生的计算能力和解决问题的能力。计算能力没得说，得靠实打实训练。那解决问题的能力呢？首先要解决的问题是读题。别小看读题的问题，平常我们发现，越是低年级的孩子，越容易因为读不懂题目出现大量丢分的现象。为什么孩子们会有读不懂题的情况出现呢？有以下几个原因。一是识字量不够，再是出题人都是成年人，成年人用自己擅长的语言编排题目，孩子们有自己的思维方式，理解起来确实比较困难。观察生活我们会发现，当爸爸妈妈陪孩子写作业的时候，只要你帮孩子读题，孩子的解题能力就会有如神助。很大一部分原因是家长用大人的方式帮助孩子对题目表述的内容进行了断句，也就是说，家长在无形中完成了理顺句意合理断句的环节，孩子只需要根据家长的语意直接对题干做出合理反应即可。

对于数学成绩不好的孩子，好些家长认为是因为孩子没有数学思路，或者是不认真导致的。实际上，这是能力问题，不是态度问题，究其根本，是因为孩子阅读能力不足，不能够对题意的要求做出正确合理的反应所致。

前面我们曾提到，现在的小学题目，即便是数学题，也会出现更多描绘性的语句，刚入学的孩子，首先要闯的是读题关，即能否在预设的各种条件下读懂题，之后，才会运用到数学思维去解决问题。

如果说孩子彻底读懂了题意，能够认真分析题意，再加上孩子比较好的运算基础，孩子数学成绩肯定可以在一定时间内提高。

（2）阅读能力与物理、化学、政治的关联

阅读和数学的关联好像还好理解，阅读和物理、化学、政治等科目有关联吗？

众所周知，近几年的高考改革中，英语和数学的难度有一定程度的下降，但是物理的难度直线提升了。为什么呢，物理的每道题，哪怕是小题，都会出现比较大段的描述性文字，这个挺考验孩子的阅读理解能力和阅读速度的。

回到日常学习中来。一般孩子从初二开始接触物理，初三开始学化学。许多孩子刚接触物理、化学时，一下子见到枯燥的专有名词，完全没有故事情节，对文字不能产生亲近感，拿着题，没等看题意心里就开始厌烦，进而产生了怯意。没等上阵，先输了气势。气势不在，哪里还来得及用巧思去解决问题呢？

究根结底，这也是孩子的阅读能力不足，导致孩子成绩波动起伏的。

政治考试，是以信息背诵为基础的。孩子只有在掌握大量信息的基础上，才可能进行思考和辨析。要求孩子短时间内存储大量信息，孩子们会觉得压力特别大。你让他使出洪荒之力也是解决不了问题的。如果平时养成了阅读的好习惯，注意积累的话，到最后关头，孩子即便是背，那也会在理解的基础上条分缕析地去背，不但更容易理解，也更省事。

在自媒体时代，了解国家大事的途径会更为多样和快捷，但是如果不通过阅读深入解析的话，孩子对国家大事的来龙去脉不会理解得透彻。通过大量阅读，孩子们可以拥有不同的视角，在面对问题时会有更广阔的思路。

三、阅读与孩子的成长

阅读和孩子成长的关系，比较容易被家长忽略。但是家长一定要记住，阅读可以帮助孩子进行准确的情绪定位并且顺畅表达情绪，进而疏解孩子的不良情绪。这是阅读和孩子成长中间最为密切的一种关系。其实人在处理事情时，首先要做的是解决自己的情绪问题，只有在心平气和的状态下，人才能更好地挖掘自身的潜力。

作为妈妈，我们都曾有过被孩子"折磨"到抓狂的情绪体验。你心里总想着，不是说孩子是天使吗，那为什么有时候小天使更像上天派来考验我们的"小恶魔"？特别是你已经从理论和实践中积累了很多面对孩子情绪问题的应对之策，但是对孩子完全起不到任何作用的时候，那种挫败感往往会如潮水般涌来。

我们如果能够未雨绸缪，通过阅读让孩子识别自己的情绪，定位自己的情绪，让孩子对自己的情绪进行流畅的表达，那么很多孩子的情绪问题其实是可以不发生得那么激烈或者更容易引导些的。

如果妈妈带着孩子阅读和情绪管理有关的绘本，让孩子储备丰富的情绪词汇，那么一旦孩子遇到情绪问题时，孩子首先会用精准的词汇给自己的情绪定位。有了定位，再加上适当的方法，处理情绪问题就会容易得多。其实，如果帮助孩子掌握以快乐、悲伤、生气三个核心词分类的词汇，孩子就可以更方便表达自己的情绪了。

一个懂得精确定位自己情绪的孩子，不容易被刺激到发怒和失控。接下来，如果孩子能够顺畅表达自己情绪的话，就可以避免许多不必要的争吵和麻烦。我们老说沟通无极限，沟通必须使用语言来进行才能无极限，而语言的积累和习得的最佳途径，就是阅读。

希腊悲剧大师欧里庇得斯说过："凡是无法陈述自己思想的人，都是奴隶。"我们绝对不能让我们自己和孩子当自己思想和情绪的奴隶，如果我们能够从现在开始帮助孩子进行阅读，培养孩子慢慢学会完善陈述自己，孩子一定可以成为自己的主人。

我们平常所说的情商高，在一定意义上其实就是指体察自己和别人情绪的细致入微，也就是我们平常所说的识眼色。所谓的识眼色，不就是能够及时准确地体察自己和别人的情绪吗？不就是能读懂别人字面意思背后深藏的含义吗？如果能做到这一点，那么人际关系一定会非常和谐，进而在处理工作和生活问题的时候，始终会处在低焦虑状态下，身心会得到最大程度的放松。

人际的焦虑对大人来讲，无论是我们积极解决还是阿Q式的自我疗愈，最终我们都会让自己达成一种全新状态的平衡而少受或者不受困扰。但是对孩子来讲，远没有那么容易。

很多家长认为，不就是小孩子吗，有什么情绪困扰，谁还不是从小孩子过来的。不要小看孩子的情绪困扰，特别是小学阶段的孩子，能否把专注力集中在学习上，很大程度上是由情绪决定的。如果通过阅读帮助孩子管理自己的情绪，顺理成章，孩子可以把更多的心思用在学习上。

特别是孩子进入青春期之后，受生理和心理发育规律的影响，他们会显得不那么好沟通，他们比较容易冲动地处理问题。与其让孩子在问题出现后后悔"当时忍住就好了"，还不如未雨绸缪，通过阅读培养孩子的良好思考习惯，让孩子习得正确处理问题的思维模式，让他们能够预知冲动往往会带来灾难性后果的定论。

虽然我们也都知道，所有的行为模式中，基因起到了至关重要的作用，但是我们更了解的是，生活中的学习和经验会不断地修正人的行为方式。如果孩子内心的磁铁是通过不断地阅读，吸纳了更多有用的、良好的、理智的经验的话，再冲动的基因，也会阻止孩子在青春期时做出伤人伤己的事情，让孩子少走不必要的弯路。

我们知道，在阅读方面，也是存在"马太效应"的。"马太效应"的核心是社会中的两极分化。孩子如果在早期阅读的习惯培养中及时地获得阅读能力，那么通常这样的孩子将来更容易成功，因为他们具备了非常好的自学能力，他们通过阅读产生的成功和进步的体验会成为一种积累优势，会有更大的机会取得更大的成功。

在孩子小的时候，在我们还有机会为孩子做些什么的时候，我们家长确实应该行动起来了。

第二章

CHAPTER TWO

激发阅读兴趣 ——亲近图书

家长在孩子阅读方面的困扰，基本可以分成两大类：一类是孩子在阅读方面确实没兴趣，一类是孩子本身已经有比较好的阅读习惯，想着更上一层楼。

我们在生活中经常见到类似提升孩子阅读兴趣20招、50招、100招等的话题，如何探究这些方法对孩子到底有没有用呢？其实有一个基本原则。讲再多的技巧，那都是"术"，只有当这些术符合亲近图书和轻松阅读这两个"道"时，再去选择这样的术，才能起到事半功倍的效果。

平常生活中有好些家长都说，我老是给孩子买书，我家孩子和书倒是挺亲近的，但是我家的孩子就是不爱看书。

说到孩子不爱看书这事儿，这到底是什么原因导致的呢？

主要有两个原因，一个是识字量小，一个是读得慢。这两个原因互为因果。孩子识字量小，就会读得慢，读得慢感受不到读书的乐趣，慢慢就失去了兴趣。还有一部分四年级以上的大孩子，按道理基本上已经积累够自主阅读的识字量了，但是还是不喜欢自主阅读，这主要是因为孩子读书的速度太慢了，他对书的情节以及美感不能产生连贯的体验，自然对书的兴趣就没那么浓了。

那怎么去应对这些问题呢？

说到识字量的问题，有的家长认为，我知道孩子认字多会带来很多好处，那么我就使劲教孩子认字，可是孩子总是拒绝怎么办？实际上，孩子拒绝的不是认字这件事儿，而是你教他认字的这种行为。如果孩子遇到比他的能力范围稍微高一点的识字教材，通过他能接受的努力就可以达到目标的话，妈妈做法得当，孩子一定会有提高。我们完全可以选择最有趣的最合适的读物，润物细无声地让孩子学会识字。

为什么强调识字量的问题？孩子如果能掌握1500到2000个字，相对来讲，就可以做到自由阅读。单纯依靠学校教授，得在二三年级的时候才能达到自主阅读识字量。但是如果家长愿意提前介入到孩子的识字过程中，孩子的收获会是多方面的。

对于读得慢的小孩子，一开始，不要给他故事情节很复杂的大书，家长可以从非常简单但是很有趣的绘本开始吸引孩子。对于读得慢的大孩子，家长得配合着进行针对性的速读训练，也就是一目十行的训练，同时辅助更有趣的书单。当他读得快了，他就能理解和体会书里讲的内容，阅读兴趣会与日俱增。

在阅读这件事儿上，最理想的状态是，让孩子在很小的时候潜移默化地喜欢上阅读。怎么才能做到这一点呢？关键点是，要尽量早开始，让玩与读相结合。也就是说，最根本的感觉是，让孩子觉得读书和呼吸一样自然，和穿衣吃饭一样必然。

在《贫穷的本质》这本书里，有这样一段文字："疟疾给不发达地区带来很大的伤害，其实每天花几分钱就可以避免。有人给疟疾地区捐赠蚊帐，当地人做成婚纱，甚至有人把别人捐赠的马桶用来当花盆。"你能说他们愚昧吗？如果他们天生就使用这些东西，他们也不会这样。对于他们来说，这些卫生的生活习惯是后来植入的，而不是从小培养出来的，所以接受起来会比较困难。

万事隔行不隔理，阅读也是如此，如果很早就让孩子对阅读产生兴趣，孩子不会感觉阅读是痛苦的。

现在书的形式和20世纪七八十年代比起来，越来越多样化，甚至有些书和玩具的界限不是特别明显。何况孩子就是在游戏中成长的，如果在早期萌芽阶段，通过类似游戏的方式让孩子对阅读产生愉悦感，那么这样长大的孩子，如果你不给他书读，他都会急切地要求你为他们提供更多图书的。

其实，孩子喜不喜欢阅读，完全取决于父母的引导。只要在早期，父母让孩子零压力地接近图书，不着痕迹举重若轻地为孩子提供各种亲近书的机会，想让孩子不爱阅读都难。

下面我们来看看在亲近图书这方面，家长具体有哪些办法可以实施。

一、大氛围小空间

所谓的大氛围，是指父母给孩子做出的榜样以及家庭的藏书量。

有些年轻的父母可能会觉得孩子还小，等大了再让孩子阅读也来得及。但是别忘了，孩子小的时候，只是不会用大人的语言表达而已，他的学习能力是惊人的。特别是三岁之内的孩子，你在他内心里埋下什么样的种子，将来就会发出什么样的芽。真要等到孩子大了，再想给他植入阅读习惯，那时候就费劲多了。

接着我们再来看看家庭藏书量对孩子的吸引。藏书量大，其实要达到的目的，无非是让孩子随便在什么地方都能找到书读。因为你永远都无法预测，哪本书可以提升孩子的阅读兴趣，所以家长应该给孩子尽可能多地提供书，满足孩子潜在的阅读需求。

有些家长说自己家的书挺多，但是孩子依然不爱阅读，那现在可以考虑一下这个问题，你想让孩子看的书，是放在孩子随手可以拿到的位置吗？你家的书是一本一本竖着插到书架里，还是直接把一本书的完整封面放在孩子可以看到的地方呢？

您家中摆放书的位置和方式也是有讲究的，一般来讲，要摆到孩子目力所及范围之内，要把你最近想让孩子看的书，放在孩子一抬手便可以拿到的位置。同时，最好直接让孩子能够看到一本书的封面。我们有过调查和研究，孩子看到封面时表现出来的热情，要比看到书脊表现出的热情更大些。所以，家长不妨重新调整下想让孩子看的书的摆放位置和摆放形式。

书要多，但不要一次性给孩子买太多的书。一下给太多，容易让孩子对书失去新鲜感，并且容易拿起这本放下那本，最终影响孩子的注意力。

当然，所谓的大氛围，最关键的还是家长要有读书的习惯，这是所有影响孩子阅读因素里最重要的一个环节。

配合家庭大氛围，最好再给孩子提供一个阅读的小空间、小角落，即在随处有书看的大环境里，给孩子保留一个可以任意看书的小空间。在这个空间里，孩子坐着看也行趴着看也行，当然不能躺着看，会伤了孩子的眼睛。让孩子感觉在这个小空间里，他是自由的、幸福的，那么连带着他会产生一种感情的迁移，他会感觉阅读也会给他带来幸福的感觉。

二、合理利用多种图书资源抱团取暖

图书馆是家庭阅读的有效补充。即便家长再怎么给孩子挑选好书，也不可能有图书馆品种多，图书馆可以为孩子提供更为全面的阅读营养。

去图书馆不仅仅是为了看书，其实图书馆还可以为孩子提供丰富多彩的和阅读有关的周边活动。图书馆会定时不定时地举办适合孩子的讲座、展览、专题活动等，它们为孩子提供的是全方位立体的阅读启蒙和营养。这是我们在家不能给孩子的。阅读如果仅仅停留在静态活动中的话，对于低年龄段的孩子来讲，有时会显得有点枯燥。但是如果增加各种形式的互动，孩子会从类似的反馈中体验出阅读带来的愉悦感以及成就感，他们的阅读主动性肯定会提升。

以北京为例，家长可以带孩子去国家图书馆，也可以去首都图书馆少年儿童图书馆，这些地方不但藏书量大，活动也更为丰富多彩。

除了图书馆，其实书店和各种绘本馆也是帮助孩子提升阅读兴趣的好去处。现在各种民营书屋其实也都各有特色，他们从不同的维度帮助孩子激发兴趣固化习惯。

除了依靠各种社会机构帮助孩子培养阅读兴趣，家长还可以通过有意识地引导孩子，帮助孩子培育属于他自己的阅读小圈子。

五年级的同学在一起玩，其中一个同学表现得有点小气，别的孩子说，你看，某某怎么和严监生似的。原来孩子们刚学了严监生的片段，都知道严监生特别小气。但是，严监生是对所有人都小气吗？这个时候，家长可以有意识地引导大家一起读《儒林外史》。通过阅读《儒林外史》，孩子们会知道，原来严监生不是完全小气的，他的妻子王夫人生病的时候，他特别舍得花钱给妻子治病。而且，孩子们还会知道，原来严监生的钱，除了剥削别人得来，他几乎是用自虐的方式才积攒下这些家产的。通过帮助孩子培育阅读小圈子，在阅读中让孩子们明白原来人都是立体的、复杂的，不是简单一个词就可以概括的。

我们都知道，孩子在很多方面都比较容易受同龄人影响，在阅读方面也是如此。大多数孩子会说，同龄人的影响比老师的建议对他们起到更明显的作用。所以，作为家长，一定要积极帮助孩子维护自己的阅读小圈子。这些有效互动，会增强小圈子的粘合度，用孩子理解和接受的方式让阅读进行得更顺畅更持久。这个阅读的小圈子可以让他们抱团取暖，可以为孩子们提供更持久的阅读方面的精神动力。而且也能帮助孩子在成长的过程中不走偏。

三、注重阅读前的热身

观察生活中所有的运动，我们会发现，只要是运动，在运动之前都会有热身的环节。阅读也是一种运动，只不过是属于脑力运动，当然也需要热身。如果热身活动非常有趣，那么对阅读本身的助力便会非常明显。家长可以结合各种演出、配合影视作品、音频文件以及各种展览帮孩子进行阅读前的热身，全方位激发孩子对阅读的兴趣。

1.各种演出

在大环境的影响下，社会各界其实都非常注重儿童演艺市场的开发。有不少艺术剧目非常适合孩子们观看。而各种演出的熏陶，是对孩子进行艺术培养的最佳路径。

中国儿童艺术剧院有许多保留剧目，非常适合学前的孩子以及小学低年级的孩子看。《小蝌蚪找妈妈》的故事我们大人耳熟能详，如果孩子第一次是通过儿童剧的方式接触这个故事，孩子会对这个故事有极其深刻的印象。演出中，当小蝌蚪那么努力地去找妈妈，但是怎么也找不到妈妈伤心落泪的时候，几乎全场孩子都激动起来。当小蝌蚪终于找到自己的妈妈时，全场的孩子会一起欢呼。孩子们随着剧中的小蝌蚪一起哭一起笑，经过充沛的感情投入，这个故事在孩子内心深处刻下深深的烙印。

孩子看完这些演出，必然一段时间内话题总是会和这些剧目有关系，如果家长适时地给孩子提供相关读物，就能够趁热打铁地让孩子参与到阅读活动中来。

这些社会活动，表面上看起来好像和阅读没有特别紧密的关联，但是我们家长要知道的是，好些小时候不经意的培养，将来在某一个固定的时刻，会给孩子带来巨大的回报，会给家长带来巨大的惊喜。

以2016年高考作文全国卷2卷为例：

语文学习关系到一个人的终身发展，社会整体的语文素养关系到国家的软实力和文化自信。对于我们中学生来说，语文素养的提升主要有三条途径：课堂有效教学；课外大量阅读；社会生活实践。

请根据材料，从自己语文学习的体会出发，比较上述三条途径，阐述你的看法和理由。

前面的两条相对好写，只要孩子有类似的经验，就可以四平八稳地写出来。但是社会实践呢，什么样的社会实践可以提升孩子的语文素养呢？如果孩子从小受各种艺术形式的熏陶，能够有机会对各种艺术形式进行一定的体验，这些素材都可以成为孩子高考作文中的原材料。所以说，你现在为孩子所做的所有努力，都是在为孩子埋下一颗颗种子，等到时机合适，必定会开出绚烂的花朵。

2.影视作品及有声读物

我们都知道兴趣有三个分层，第一层次的兴趣是从感官开始的，第二层兴趣可以称之为乐趣，第三层是从某件事情上获得知识和能力之后产生的较为长久的兴趣。落实到激发孩子阅读兴趣这个问题，家长可以先从感官层面入手，激发孩子的阅读兴趣。

以《查理和巧克力工厂》这本书为例，这本书深受小学低年级孩子以及学前儿童喜爱，但是我们知道，也有一些孩子不太愿意拿起这本书看。作为家长，如果不是生硬地要求孩子读这本书，而是四两拨千斤地先给孩子讲讲作者罗尔德·达尔的人生经历，告诉孩子罗尔德·达尔做过飞行员、经历过第二次世界大战、有过惊险的空中激战、当过像特务一样的"空军大使"、写过拥有无数影迷的007电影剧本等事情的话，相信孩子们对作者会更感兴趣。因为孩子一般都有英雄情结，他们会为了接近英雄而去努力。

给孩子普及完背景，再陪孩子一起看这部电影。如果家长之前已经看过这本书的话，陪孩子看完电影，家长便可以和孩子深入沟通书和电影的一些小差异，吸引孩子主动去看这本书。感官的快乐通过这部电影迁移到对书的乐趣上，家长坚持这个"套路"，孩子的乐趣很快就会转变为兴趣的。

此外，在这部电影中有个小细节特别有教育意义。安娜特别爱吃蓝莓，后来因为吃太多蓝莓，安娜的身体居然整个变蓝了。家长在教育孩子不要喝含糖饮料的时候，也可以带着孩子看看这部电影，让孩子自发地思考没有限度地喝饮料的可能性后果。其实这是一次非常好的自我教育的过程。

除了电影，实际上电视也可以起到一定的教育作用。大多数家长反对孩子看电视，除了担心孩子眼睛近视之外，从根本上讲，其实更害怕看电视会花掉孩子太多的时间。我们家长都认为，看电视的这些时间应该全部花在阅读上。专家汇总了大量的数据，发现一个有趣的现象，阅读量低和阅读量高的人，看电视的量几乎没有差别，反倒是不阅读的人，看较多的电视。

对待学龄前的孩子看电视的问题，家长最好秉持这样的态度，不能放任，要从旁监控。这样做的目的是帮助孩子消化和理解电视的内容。但是孩子要是在五年级左右看较多的纪录片的话，当孩子上六年级之后，在校的学习成绩反倒会更好。所以也不能一概而论。

所以说，包括电视在内的电子产品，对孩子的整体影响，虽然会有些负面的作用，但如果控制得当，这种负面作用会比较轻微。不过需要再次强调的是，一定要有度地有控制地利用这些媒介。

此外，台湾小鲁出版社有音频形式的"听小鲁讲历史故事"。很多手机软件上有比较完整的音频版本，家长也可以尝试放给孩子听。小鲁出版社把世界历史和中国历史最有影响力的故事用广播剧的形式表现出来。这种表现形式很有活力，比较适合低年龄段的孩子听。

在孩子听到这些故事之后，顺理成章，他们会因此对《写给儿童的中国历史》《写给儿童的世界历史》两套书产生一定的兴趣。等到孩子上初中正式学习历史时，许多小时候听过看过的历史内容以及历史细节会再次鲜活起来。不但孩子会对历史有更亲切的感受，同时也能够更熟练地从点状的历史事件直接串联起历史的时间线，进而在能力提升之后，形成历史的面，甚至会变成更三维立体的历史观。比较孩子上初中之后死记硬背历史知识，早期用音频为孩子进行历史启蒙，相对而言，大人孩子都会更轻松。

　　有些家长对孩子听太多的音频资料也存有疑虑，他会认为，我的孩子总是听，会不会导致孩子不能自主阅读？首先要为家长维护孩子对信息吸纳的热情加以肯定，但是一定要记着，在教育孩子的过程中，好些事情都不能操之过急。为什么孩子更爱听，而不是主动去读呢？前面我们曾经提到过，孩子识字量远没有达到自主阅读的程度，强迫孩子读，会伤害到孩子的阅读热情。家长总担心孩子听太多音频或者看太多影视资料，会影响孩子阅读。实际上，相关专家曾经对此作了非常全面和客观的调查。他们发现，20世纪30年代收音机出现之后，确实在一定时间内，听收音机的人会比较多。但是，整体而言，听收音机并不会严重影响阅读的质与量。其实看影视作品和听收音机的道理是一样的，研究发现，每周看三部以上电影的人，反倒读的书比较多，而且他们所读书目的水准相应也是非常高的。

　　这些不同形式的阅读热身，都会帮助孩子对阅读产生更浓厚的兴趣。生活中我们都知道，行为重复，可以固化习惯。反复做孩子自己喜欢的事情，孩子会拥有自信，他会更加关注"受肯定和受表扬后的自己"，在这个过程中产生自豪感和自尊心，并且不断放大"受肯定和受表扬的自己"，直到彻底变成那样的自己。所以说，如果孩子尝到了阅读的甜头，并且家长能及时肯定，那么长此以往，孩子一定会成为一个热爱阅读的人。

第三章
CHAPTER THREE

激发阅读兴趣 ——轻松阅读

在上一章，通过家长帮助孩子营造阅读的大氛围小空间，各种形式的抱团取暖，以及结合多样艺术形式辅助孩子进行阅读前的热身三个方面，让孩子有更多的机会接近图书，想方设法地让孩子产生对书的亲近感，最终提高孩子的阅读兴趣。

可是有的家长觉得，自己好像错过了培养孩子阅读习惯的敏感期了，那我们是不是一点办法都没有了呢？本章拟从绘本的好处、孩子应不应该看漫画，以及睡前阅读三个话题来解决这个问题。

无论对哪个年龄段的孩子来说，轻松阅读是所有阅读活动开始的切入点，而家长让孩子轻松阅读的最终目的，是为了引导孩子读更有意义的书。能够承载这一任务的书籍，莫过于绘本这种独特的形式了。

家长首先要明白选择做每件事情的原因，不要一窝蜂地跟风。比如说看绘本，别人说孩子一定得看绘本，你便不假思考地强迫孩子开始看。这样行不通。家长首先要正确认识绘本可能给孩子带来的好处，之后再因势利导和孩子一起通过绘本阅读，帮助孩子顺利由学龄前对阅读的初步兴趣过渡到上学之后对阅读持续的热爱。

一、从绘本开始，让孩子爱上阅读

平常我们都说从小让孩子读绘本，对上学之后的孩子有许许多多的好处。除了帮助孩子完成一些学前认字的准备之外，绘本还有很多妙趣。对于还没有深深迷恋上电子产品的孩子来说，绘本是一个非常好的媒介，可以让孩子欣赏到更多的有趣和美。而对于低年龄段的孩子来讲，我们可以从绘本开始，让孩子爱上阅读。

绘本就是图画书，图画书不是画廊，如果单单是把图片串联起来的话，那并不是图画书。翻开书后，故事展开了流动性和戏剧性才是最重要的。绘本确实是一种很神奇的存在，如果家长可以在孩子很小的时候就为孩子提供绘本的话，你会感受到孩子对绘本毫无保留的热爱。

1.好的绘本，可以为孩子打开一扇认识世界的窗

孩子认识世界，不仅仅依靠大人告诉他们世界是什么样的这样一种方式，他们还可以通过阅读，对他们没有经历过的事情产生一种先验性的预知。

就拿斯凯瑞金色童书系列里的三本《飞机场的一天》《警察局的一天》《消防站的一天》来讲，其中《飞机场的一天》主要讲述了这样一个故事：猫爸爸带着小屁孩儿、乖乖宝和小虫出海，可是突然下雨了，没地方可去的时候，遇到了鲁道夫，鲁道夫带领大家去了飞机场。鲁道夫像导游一样，带着大家四处参观，大家先后看到了行李大厅、吃饭的地方，了解了飞机是怎样起飞和降落，比起大人的讲述，更形象生动，更容易让孩子理解。等到家长带孩子去机场的时候，孩子自然会把他曾经看到的经验和他当下的体验结合起来，他的好奇心会让他提出很多的相关问题。一个有观察有思考同时还保持旺盛好奇心的孩子，恰恰是一个充满美好可能性的孩子。

2.好的绘本，可以让孩子体验全方位的美感

《一只奇特的蛋》是李欧·李奥尼的作品。这个故事可以让孩子们了解到，友情同样可以在有差异的群体中建立起来。绘本的重要之处，除了我们体会的美之外，更深刻的，应该是让孩子在享受美的过程中，体验对于亲情、友情等美好情感的感动，而这些美好的事物，都应该属于生命最本真的东西，对于处于人生早期需要进行各种启蒙和开发的初级阶段，由美好的情感入手，教会孩子们珍惜，善莫大焉。

这种类似美育的教育，也许一时半会儿孩子感受不到，但是等到孩子稍大一些，会在不经意间流露出来，这都是在阅读绘本潜移默化的过程中习得的。每个人都有一双美丽的眼睛，但是我们的孩子能不能有一双发现美的眼睛，这是需要家长来帮助和引导的。

3.好的绘本，可以保留和激发孩子的创造力和想象力

孩子其实和大人一样，在对现实生活的不断适应下，总会不由自主地一层层蜕掉上天赋予他们的想象力，慢慢地磨掉他们的棱角，最后成为符合社会机器的一个构件。但是，尽我们所能地让孩子保留对于自身美好的感知，保留孩子的想象力和创造力，无论是对孩子还是对社会，都是非常重要的事情。

《小真的长头发》这本绘本，讲述了小真和两个好朋友在一起聊天，她津津有味地描述着当自己的头发长得"老长老长老长"时的情景，她的长头发可以当被窝，还可以当妈妈的晾衣绳。这些想象让两个好朋友听得入了神，原本有着长头发的她们也开始

羡慕起小真的"长头发"来。充满童真的想象力，是通过阅读让孩子拥有的。孩子现在对绘本有多爱，将来就会对阅读有多迷恋。

当然有些理论认为，过度让孩子看绘本，容易导致孩子抵触文字书。确实在一定时期也许会有这样的事情发生，但是那只是因为孩子识字量没达到自如阅读阶段时产生的短期现象。从长远的角度来讲，迷恋绘本的孩子，已经初步产生了阅读的兴趣，只要家长陪伴得当，最终肯定可以让孩子在阅读的路上走得更加坚实。

在孩子成长过程中，能够有大块时间阅读的机会并不算很多，尤其是等孩子上了初中之后，想让孩子阅读，只能靠着孩子对阅读有强烈兴趣自动抽时间去读了。如果孩子在小时候，家长用绘本做媒介把孩子的阅读兴趣激发出来，那么将来孩子即便因为上学不能够用大块连续的时间阅读，但是孩子也会自己主动尽最大可能去挖掘自己的时间阅读。所以说，从幼儿时期开始阅读，起到的是事半功倍的效果。

生活中有家长有这样的困惑，我家孩子特别烦人，总是抱着同一本书不放，几乎连续好几个月都在看同一本书，那他这样怎么吸收更多的书的营养呢？

实际上还真不能一概而论全盘否定孩子这样做。家长首先要肯定孩子反复看一本书的热情，孩子在反复中，会学到更多我们不以为然的东西。这么小的孩子，不要急于让孩子累计阅读的数量，更应该看重的是阅读的感受以及阅读的质量。

其实在阅读以外的领域，长时间就某一项工作进行深入研究的例子屡见不鲜。比如美国草山音乐学校，这个学校距离曼哈顿有五小时的车程，而且条件非常简陋，学校只有几间小木屋，没有水电不通电话。但是马友友、林昭亮等音乐大师都在这里集训过。这个学校的理念非常奇特，大多数学生通过在这里的训练，在七周内会达到别的学校一年的训练效果。为什么会这么神奇呢？

草山学校最大的特色叫"放慢练习"。在这里，老师们可能会花三个小时只教一页乐谱，这里的练习速度，比其他学校慢三到五倍。但是放慢节奏却让学生的精确度提高了不少。有学生形容这七周的时间，让他开始对音乐入门了。这个学生说，他入门以后，感觉每个音符都是有意义的。

就阅读来讲，其实也是符合万事隔行不隔理的道理。孩子们虽然总是在一段时间内集中翻看同一本书，但他们在感受书中每一处细节，并且慢慢体会到每一处细节都是有意义的。家长不可以打着积累孩子阅读量的旗号剥夺孩子获取意义的自由。

二、从漫画入手，让孩子舒适阅读

生活中我们都知道，不爱看书的孩子常见，不爱玩电子产品的孩子实在是凤毛麟角。

有篇文章把迷恋电子产品的孩子说成是屏幕上瘾者。上瘾的意思是无法用传统意义上的措施让孩子从某件事情抽离。专家说，屏幕成瘾机制和吸毒的机制差不多，对电子产品的深爱，已经深深地影响到了孩子的神经系统。那用什么书把孩子从电子产品中夺回来呢？只能找让孩子觉得比电子产品更有趣的书来转移他的注意力。

对于年龄略大、不爱看书的孩子，家长永远不要放弃。你始终要记得这样一句话，对于种树，当然十年前是最好的机会，但是，现在开始种一点儿也不晚，无论如何，现在种都会比不种强。

对年龄略大、阅读兴趣不浓的孩子，从漫画入手，让孩子舒适阅读。不要视漫画为洪水猛兽。首先要强调的是，这里说的漫画，不是随便找的街边的漫画。漫画也是有好坏之分的，要看，就看那种格调高雅些的漫画书。

生活中好些有阅读困扰的家长，基本上都是在孩子小时候家长还没有认识到阅读的重要性，到了小学中高年级，发现孩子成绩上不来，开始着急培养孩子的阅读习惯，可是这个时候孩子又有了自己的主意，根本就不爱听家长的意见。

遇到这种情况，家长首先要反思这样一个问题，您的孩子是真的不爱看书，还是不爱看老师和家长推荐的书呢？

其实，从严格意义上说，天底下还真没有彻底不爱看书的孩子，只有不爱看大人觉得有意义的书的孩子。

北京市某重点中学初二的一个孩子，家长认为孩子不爱看书，愁得要命。可是他们不知道的是，孩子每天课间利用一切时间玩命写作业，中午雷打不动都会去学校图书馆看书。因为看书多，懂得多，自然就成为人群焦点。这又触发孩子看更多的书，进入良性循环中。所以说，所谓的不爱看书，仅仅是家长一厢情愿地以为孩子不爱看书，并非孩子真的不爱看书。

但是针对真正不经常看书，并且对看书有所排斥的人群，家长可以适当降低标准，从优质漫画和轻松杂志开始，让孩子进入舒适阅读的空间。

不要一提漫画就如临大敌。确实，对阅读能力低的人，看漫画时，更容易把注意力集中在图片上。但是，一个人的阅读能力不可能总是处在低水平状态的。对这个人群来讲，不要怕他们读漫画多，整体来说，其实还是读得太少了。如果不读漫画，他们干脆会读得更少，那培养阅读兴趣提高阅读能力更无从谈起了。再说，即便禁止孩子看漫画，也不可能彻底禁止孩子图像阅读行为。所以，问题的解决之道应该是让孩子看更多的好的漫画。

　　针对这个问题，我们首先要搞清楚，孩子们为什么那么喜欢漫画书呢？一方面，漫画书的语言接近口语，孩子理解起来不那么费劲，再加上有图片辅助理解，读漫画会成为孩子的一种享受。根据语言学习的理论，图画是有助于学习文字的，因为对于不熟悉的词或者语法结构，图画可以提供线索来帮助理解。也就是说，图画可以让文字更容易被理解。另外，漫画书通常都比较有趣，谁会拒绝有趣的东西呢？研究表明，看漫画的人，对阅读保持着更加积极的态度。

　　孩子看漫画看得多，他们享受阅读的程度会相应提高，阅读兴趣自然就形成了。现在在清华读博的张强，他爸爸是小学校长。谈到他自己的成长道路，他说爸爸对他的影响非常大。这个小学校长和别的小学校长不一样的地方在于，他允许自己的儿子看漫画书。张强说："漫画书引着我看了更多其他的书。"

　　在漫画这个问题上，作为家长，你认真想过你到底在担心什么吗？大多数家长担心的是，漫画书不仅没法帮助学习，还会导致阅读困难。但是认真研究资料会发现，支持这个结论的数据和证据几乎没有。基本上可以认定，这只是一种感觉，甚至是一种错觉。相反，有不少证据指出，漫画书可以导致孩子们读更多有意义的书。如果说一个孩子坚持每天看一本漫画书，一年下来，他的阅读量会非常惊人。当然，完全依靠漫画书，可以培养出适当的语文能力，只不过想培养出更高超的语文能力，漫画会显得不那么得心应手。

有一位有两个儿子的家长说，她的两个儿子都不爱看书，而且一个比一个淘气，动不动就在家里打得天翻地覆的。后来著者建议她除了让两个孩子每天大量运动之外，可以培养两个孩子从看漫画开始，把多余的精力花在阅读上。

原先这位家长给孩子准备的基本都是"高大上"的书，但是这些书只是家长一厢情愿地认为会对孩子有好处的书。再好的书，孩子看不懂，最后肯定不会看。现在拿出漫画来，大儿子被漫画深深地打动了。后来陆续又给她推荐了《父与子》《我的第一本科学漫画书》《作死的发明》《世界经典漫画集·丰子恺儿童漫画集》等漫画书，大儿子都爱不释手。用这位家长的话说，她家大儿子读起漫画书来，简直到了痴狂的境界，只要是给他买了好的漫画书，孩子无论在什么场合，都能忘我地开始读，甚至走在路上、在餐厅等位的时候都在读。她从来没有想到自己的儿子可以对阅读这么投入。

更有趣的是，小儿子有样学样，也开始对绘本感兴趣了。你看，漫画书改变的不仅仅是一个人，有时候可能是一家人的阅读习惯。

在著者接受读者咨询时，发现对于大多数人来说，他们的阅读生活，往往是由某一本打动他们的书开始的。其实每个孩子的生命中，都会有一本能够吸引他们爱上阅读的书。当然，有的家长会说，我的孩子有各种各样的阅读问题，甚至我都怀疑他有阅读困难症。

千万不要不负责任地给孩子贴标签。阅读困难症是什么意思？主要指那些拥有正常智力、学习动机以及平等的受教育机会，却不能正常阅读的个体。如果说我们的孩子仅仅是朗读时跳字漏字，认字困难，那也不代表孩子是阅读困难症。面对阅读方面各种各样的问题，家长的首要任务，是帮助孩子寻找像吸铁石一样的书来诱导孩子爱上阅读。

不如家长先放下各种各样的困扰，下力气去寻找能开启阅读兴趣的那本书，或者，可以从帮助孩子寻找匹配的好的漫画书开始。

随着孩子因为漫画爱上阅读，下一步，孩子们的阅读兴趣往往会朝向冒险类文学、科幻文学以及历史故事的方向发展，这不正是我们家长想要的结果吗？所以，真的是条条道路通罗马。

不过要强调的一点是，阅读一定要从快乐开始，无论家长希望阅读能承担多么厚重的教育任务，一定要润物细无声地进行，千万不能破坏孩子阅读的快乐。在快乐的指引下，孩子可以先进入阅读的空间，等阅读习惯固化之后，再去考虑提高孩子的阅读能力。一切都要循序渐进才好。

三、注重孩子的睡前阅读

一定要培养睡前阅读的习惯，只要孩子不拒绝，不论孩子长到多大，都要帮助孩子维护睡前阅读的习惯，当然方式可以是家长给孩子读，也可以是孩子自己读，形式可以灵活多样。

有陪伴的睡前阅读兼具两个非常好的特点：第一，可以让孩子安心父母对他的陪伴，感受父母对他的深爱。第二，睡前阅读带来的乐趣对孩子阅读兴趣的激发会起到至关重要的作用。

大多数阅读兴趣浓厚的孩子都有被父母允许在床上看书的经验，当然这种在床上阅读，不是指躺在床上看书。这种方式可以让孩子在彻底放松的状态下看书，他们阅读的完美体验更加深了他们的阅读兴趣。

这些阅读兴趣浓厚的孩子看待阅读的态度和不爱阅读的孩子不一样。对不爱阅读的孩子来讲，阅读是一件痛苦的事情，但是对阅读兴趣浓厚的孩子来讲，阅读更像是一种奖励和享受。

睡前阅读和床上阅读的共同点，是轻松阅读。这种低焦虑状态的阅读，获取的信息比课堂上获取的信息让孩子记得更持久。

这种轻松阅读的习惯，在孩子不排斥的前提下，可以慢慢拓展到允许孩子在任何地方看书，时刻带本书出门，避免无聊时过度使用电子产品。

针对不同年龄段的孩子，通过绘本和漫画等轻松读物让孩子爱上阅读，同时也要关注睡前阅读的重要性。我们知道，轻松阅读是发展较高阅读能力的阶梯，因为轻松阅读既可以提供最初的阅读动机，又可以培养阅读较深读物所需的语言能力。一定要记得，阅读行动本身是会提升孩子的阅读兴趣的，一定要在孩子心情舒适的前提下引导孩子积极阅读。

兴趣是孩子阅读的原动力，可以帮助孩子爱上阅读。但如果总停留在这一个层面，肯定是远远不够的。生活中有太多的孩子平常也比较喜欢看书，但是阅读成绩甚至其他科目成绩都不太高，还有些喜欢阅读的孩子，读了很多书还是不会写作文。原因在什么地方呢？我们家长该怎样帮助他们呢？实际上，完全可以通过提升孩子阅读力的一些小技巧来解决这些问题。

第四章

提升阅读力的小技巧
——激情动力

众所周知，在阅读方面，兴趣确实很重要。但是光有兴趣还远远不够，孩子需要靠技巧性的练习才能加速前进。兴趣把孩子领进了阅读的大门，要想在阅读的殿堂里有所精进，必须得用小技巧来帮忙。

当家长的都知道，你让孩子做和孩子自己要做比起来，二者的差别特别明显。我们每个家长都希望有一个能够良好地自我管理并且自我成长的小孩。但是你知道吗，孩子进步的小小念头，有时候特别好玩，可能我们认为不值一提的小事儿对孩子的影响却极其深远。

在培养孩子学习乐器比如弹钢琴的时候，你会发现，同样的老师、同样的场合、同样的方法，教不同的学生弹钢琴，为什么有的孩子上一样的课，平常练习也不多，却可以弹得比自己的孩子好呢？有的孩子在音乐课上的进步神速，有的孩子进步相对缓慢，这中间到底发生了什么？

1997年，麦克赫森带着这个疑惑开始着手调查。麦克赫森分析了孩子们的各种数据，发现孩子的学生结果和他们的智商、听觉敏锐度、节奏感、数学能力等都没有关系。

就在麦克赫森要失望的时候，他发现了一个全新的因素。在孩子们上第一节课的时候，他曾经提到过一个问题，这个新因素就是孩子们对这个问题的答案。这个问题是：这个新乐器，你觉得自己会演奏多久。答案的选项有：今年、小学期间、直到高中、终身。

　　刚开始，大多数孩子的回答是不知道。麦克赫森反复追问，最终孩子们告诉了他肯定的答案。孩子们的回答大概分成三类：短期承诺、中期承诺、长期承诺。

　　接着麦克赫森计算了孩子们的训练时间：少量，每周20分钟；中等，每周45分钟；大量，每周90分钟。结果他发现，那些有长期承诺的孩子，即便每周只练习20分钟，他们所取得的进步远远大于那些有短期承诺却每周用大量时间练习的孩子！

　　也就是说，从开始的时候，孩子在自己还没有意识到的情况下，他们内心深处已经对这件事情产生了自己的态度，并且这个态度会对他掌握一种能力起到至关重要的作用。当然，这些进步神速的孩子，不是天生就有"我是一位音乐家"的想法，他们的想法源自某个清晰的信号，比如家人、老师以及朋友的触发。也许好些这样的念头纯粹是出于偶然，但是这种偶然带来的结果，却非常恰当地点燃了孩子进步的激情，并且逐步创造奇迹。

　　这个道理不仅仅针对练习乐器，其实对于孩子练习所有的技能都有很大的指导意义。

　　如果一个孩子从开始阅读的时候，在父母的帮助下对阅读产生了浓厚的兴趣，同时在心底深处产生了我可以阅读得很好的念头，父母再从旁进行技巧性的指导，孩子阅读力提升的速度会非常快。

　　具体到提升孩子的阅读力，可以从两个方面入手，第一个是固化孩子的激情动力，第二个是帮助孩子进行精深化阅读训练。

　　前文提到过，家长可以通过很多种办法帮助孩子培育阅读兴趣，孩子初步形成阅读兴趣之后，家长帮助孩子进一步提升阅读力的重点，首先是要让孩子保持阅读的激情动力。

将书同孩子本身联系起来，让细节触动孩子，让孩子觉得阅读是有用的，这是孩子进行深入阅读最原始最有用的方法，也是提升阅读力的第一步。

一、让阅读和孩子的生活发生关联

爸爸妈妈带着五岁的小宝从外地搬到北京住。妈妈天天碎碎念，你要和小朋友一起玩，你没有朋友可怎么办呢？但是希望是美好的，现实却是骨感的。小宝没能按照妈妈的安排去做，每次下楼，妈妈发现小宝总是远远地看着别的小朋友玩，不愿意参与进去。妈妈又给小宝施加压力，搞得小宝心烦意乱哇哇大哭，后来发展到小宝连楼都不爱下，整天黏着妈妈。

妈妈也知道，孩子换了环境需要适应，无奈妈妈太心急了。怎么办呢？其实阅读就是解决生活中各种问题的良方。

著者让小宝妈妈把小宝带到我面前，没有问小宝任何问题，只是直接给小宝拿出《没有人喜欢我》这本绘本，我们俩一起读故事。别忘了，故事是具有疗愈作用的。

《没有人喜欢我》讲的是巴迪搬到一个陌生的地方，他特别想找小朋友一起玩，但是在先后遇到小老鼠、猫、小兔子等的时候，他发现对方都很不友善，于是他越来越害怕，以为"没有人喜欢我"了。狐狸在这里扮演的是智者的角色，他引导巴迪去探究原因，后来发现，巴迪主动问这些小动物为什么之后，答案原来并不是像巴迪想的那样。小老鼠在忙着做蛋糕，顾不上和他玩，并不是不喜欢他。小猫以为巴迪是来打架的，误解了巴迪的善意……当所有的误会消除之后，巴迪和大家成了好朋友。

虽然这个年龄段的孩子不见得会非常细密地表达自己的想法，

但是他是需要榜样的，当他看到《没有人喜欢我》里的巴迪通过沟通排除了他以为别人不喜欢他的原因，和好朋友快乐地玩耍时，他就会知道，他完全可以学习巴迪的样子处理问题。孩子的心魔一旦移除，是很容易和同龄人打成一片的。小宝妈妈后来的担心变了，她不再为孩子没有朋友而焦虑，而是开始倾诉小宝玩得不知疲倦，每天叫他回家吃饭都是问题了，因为小宝愿意花更多的时间和小朋友在一起。

这个看似简单的例子把孩子交朋友时面临的问题形象地表现了出来，并且告诉孩子们：自己要先主动表示善意才能化解陌生与羞怯，即使遭到拒绝，也可以问问原因，不要因此丧失自信或是误会别人。你看，沟通无极限的道理都不用说出口，孩子就通过绘本明白了这个道理。

此外，在小朋友成长过程中，分离是一道挑战性极强的坎。要说第一次集体分离，那应该是孩子上幼儿园。几乎每个适龄孩子都有过刚入园时哭到天昏地暗的经历。那么这个时候，专治入园焦虑以及各种焦虑的《一口袋的吻》就可以闪亮登场了。

迪比第一天上学的时候，玩得可美了，但是第二天早上起床，他和妈妈说，更愿意在家里待着。妈妈想了个好主意，往迪比的衣兜里放了十几个吻，让迪比想妈妈的时候拿出来贴到脸上，这就代表妈妈依然在他身旁。缺少勇气的迪比第二天不但在妈妈吻的帮助下成功克服障碍，还结识了新朋友奥特利。当天妈妈接迪比放学时，迪比和妈妈说，明天还要来上学。一口袋的吻四两拨千斤地解决了孩子的分离焦虑。

小学一年级学习拼音的时候，进度是非常快的，如果没有接触过拼音，那么在学习时，孩子们比较容易产生困扰。毛毛在学到拼音ou、iu的时候，不知道为什么总是不能很好地区分这两个拼音。孩子在学校里承受了很大的压力，甚至引发了一定程度的焦虑，第二天起床都开始费劲了。早晨进校门时，小手都是冰凉的，整个人的状态发紧。上小学的不想去上学和上幼儿园不想去上学的内涵是不一样的，带给妈妈的焦虑容易放大。

毛毛妈妈想方设法说服孩子，但是效果都不怎么明显。这个时候生气没有用，因为孩子在成长中遇到了困扰，他自己内心不够强大，还不足以自己支撑，潜意识里他需要向妈妈和家庭寻找温暖。

著者推荐毛毛妈妈和毛毛一起看《一口袋的吻》，边读边坚定地告诉孩子，妈妈是与你同在的。并且毛毛和妈妈约定，每天进校门前他俩要轻轻握手三次，代表妈妈的爱和鼓励与孩子同在。在孩子脆弱的时候，孩子可以用右手摸摸左手，就好像妈妈在他旁边支持他一样。你别说，孩子反馈说，当他用右手摸了自己左手之后，他真的感觉自己的手都热了，他感受到了妈妈给他的爱和鼓励，他没那么紧张了。

引导孩子成长，最需要的是设身处地的理解，而不是居高临下的告知。当孩子面临困扰的时候，先要理解孩子，你想我们也都曾经弱小过。接着，试着从孩子的角度思考问题，毕竟我们现在有能力用我们的智慧帮助孩子面对困难，在我们的帮助下，孩子会有更强大的力量去战胜困难。而通过阅读一个贴近孩子童心的小故事，完全可以有效地帮助孩子纾解生活中无法言说的压力。

但是我们也要承认，通过别人的故事获取成长动力这件事，作用也是有限的。随着孩子年龄的增长，一些讲故事的方法有面临失效的风险。实际上，这说明的是那种太过浅显太过直接的故事让孩子感觉到家长的教育目的太直接了，孩子不愿意接受这样的说教了。

特别是孩子进入青春期后，他们的生理和心理都有了一定的变化，这个阶段的孩子正处在情绪的风口浪尖上，情绪比较不稳定，他们需要更多的关心和理解。这个时候要是生硬地给孩子讲故事，恐怕孩子会特别反感。

但是水涨船高与时俱进，我们还是可以通过同龄人的故事去感染孩子引导孩子。

就拿性教育这事儿来说，我们的传统是羞于出口的。但是我们可以通过阅读帮助孩子了解他们迫切需要了解的信息。

《藏在书包里的玫瑰——校园性问题访谈实录》是孙云晓和张引墨合作的一本关于青春期性教育的读本。这本书收录了十六个中学生发生性行为的详细事实和专家们的科学分析建议，既可以让青春期的孩子了解同龄人在性这方面做了什么，处在这个年龄段的孩子怎样选择是最妥当的，同时也可以让家长和老师了解事实的真相。

我们总会一厢情愿地以为我们的孩子始终都是孩子，但是，有一个我们不愿意面对又不得不承认的事实，有越来越多的中学生在中学阶段就发生了性关系，而且家长和老师一点蛛丝马迹都不知道。目前的性教育已经远不能适应中学生的切实需求，大多数孩子百分之百对学校的性教育不满意。

而这十六位中学生，半数以上是师生公认的好学生，三分之一来自重点中学甚至是声名显赫的学校，和我们一厢情愿地认为只有成绩不好的孩子才会在性这方面走得远完全是不相符的。

孩子成长的过程中，会逐渐有自己的秘密，他不可能无缝对接和家长倾诉所有的苦恼和心路历程。实际上，一个没有秘密的孩子是谈不上成长的。你如果每次都想通过偷看日记、偷看手机去寻找孩子的秘密的话，一是容易彻底失去孩子对家长的信任，另外，感觉受伤的孩子可能会用更激烈的方式成长，这都是我们最不愿意看到的。

当然，上面提到的这本书，首先还是要让家长和老师看的，最起码你要知道这个年龄段的孩子心里在想什么他永远都不会和你说的内容。家长和教师看了之后，你才能够洞察孩子复杂的心路历程，倾听孩子们青春的呐喊。

从孩子的角度来说，他不能从父母和老师那里获得他急切想知道又说不出口的成长细节，那么就让孩子从同龄人的故事中获取些经验吧。当孩子意识到同龄人因为没有非常好地处理好这些关系，最后走上坎坷的人生道路，让孩子能悟出更多人生道理的话，这绝对已经达到阅读这本书的目的了。

如果这个年龄段的孩子能够以这本书为起点，体会到书的美妙，觉得可以从书中最安全地获取成长信息，那么孩子肯定会更坚定地走在阅读的路上的。

除了刚才提到的让孩子从书本中寻找遇到的生活难题的答案外，家长还可以从关注书中和孩子有关的小细节入手，提升孩子的阅读力。

安红有两个孩子，老大四岁，老二两岁。两个孩子相差不是特别多，所以基本上安红每天都会因为两个孩子的争执精疲力竭。两个孩子无论什么时候都能打起来，玩玩具的时候会抢玩具，吃饭的时候因为谁的碗里多了块肉也能起了争执，睡觉的时候还争着让妈妈必须脸朝着自己。怎么说也没用，后来安红干脆时刻手里拿着小棍子，只要是谁先动手，就用小棍子去揍。揍皮了，两个孩子连小棍子也不怕了。

怎么办呢？安红找著者咨询的时候，著者推荐了《隧道》《跟屁虫》两本绘本。

《隧道》是安东尼·布朗的作品。故事的主角是哥哥和妹妹，只要在一起不是吵架就是打架。有一天，妈妈让他俩一起出门，学着和平相处。他俩来到一个神秘的洞口，哥哥先进去探险了，妹妹不敢。可是哥哥进去好久都没有出来，这时候妹妹就幻想，是不是洞里有怪兽还是别的吓人的东西，别是哥哥遇到什么危险了吧。于是妹妹鼓起勇气也进了洞里。最后有惊无险，和哥哥一起跑出隧道。这本书讲的是妹妹对哥哥的担心和爱。

《跟屁虫》是宫西达也的作品，讲的是哥哥对妹妹的包容。哥哥吃完饭要再来一碗，妹妹明明碗里还有饭，她也跟着说再来一碗。哥哥要在红茶里加牛奶，妹妹也非要学着来，可是一下把牛奶倒了一桌。哥哥看书笑得哈哈的，妹妹自己拿本书也学哥哥的样子大笑，可是妹妹却是倒着拿书的。最精彩的是最后一幅图片，哥哥牵着妹妹的手向远处走去。哥哥说，我走了，妹妹也学着说，我走了。几乎每次孩子读到这里，都会哈哈大笑。比起你不厌其烦地和哥哥说，妹妹比你小，你要让着妹妹，不如让哥哥和妹妹一起看这本绘本。哥哥会从《跟屁虫》里懂得，原来妹妹都是这样的跟屁虫，但是哥哥呢，要学会包容。这样的引导和阅读，一下就可以打开孩子阅读以及成长的金库。

书本中和孩子关联的小细节，还可以是包含孩子小名的细节，《苏和的白马》《亲爱的小莉》，非常适合叫苏和或者小莉的孩子看。孩子会发现，怎么自己的名字被写到书里了，孩子会有成就感和新鲜感。

著者的邻居家有个男孩叫丁丁，胆子特别小，干什么事情都得妈妈陪着才行。他妈妈很苦恼。有一天来著者家做客，妈妈说不知道该怎么办。著者家有一整套《丁丁历险记》，邀请丁丁一起看。《丁丁历险记》里的丁丁是一个比利时记者，他擅长冒险，特别勇敢。丁丁富于正义感和冒险精神，敢和各种坏人做斗争，而且他总能凭借自己的勇敢和机智化险为夷。

小丁丁特别感兴趣，他从来不知道，书里还有一个和他一样名字的人，而且居然那么勇敢，那么有智慧。小丁丁对书里的丁丁特别崇拜，把丁丁记者当成自己的偶像了。著者趁热打铁，告诉丁丁妈妈，以后要是遇到需要鼓励丁丁的时候，可以告诉小丁丁，书里的丁丁是怎么做的。他妈妈说，从那以后，小丁丁就彻底迷上《丁丁历险记》了，生活中遇到什么事儿，自己也能主动用漫画中的丁丁说服自己了。

二、适度的物质奖励与鼓励

奖励可以分成如下几种：物质的、精神的、物质和精神的。在阅读方面，家长可以有原则地对孩子进行适度的物质鼓励。

孩子刚开始学习时，他不大可能意识到学习的有趣，在他们眼里，学习可能是这个世界上最讨厌的事情之一。如果这个时候家长适时给他回馈，会让孩子觉得他的努力付出有所回报。家长的适度奖励和鼓励，可以按下孩子的激情开关，在孩子前进的油箱中，加满爱和动机，孩子前进起来会更有毅力。

美国纽约的部分公立学校鼓励孩子回家和家长探讨阅读奖励计划，可以细化到每页图书收费多少钱。不要一味排斥奖励，适度的物质奖励可以刺激孩子进步，同时可以通过合理规划所获奖励，让孩子更有爱心。刚才提到的这所学校，要求孩子把所获得的美金比重约三分之一做慈善用途。这是一举两得的好事情。

当然，好些研究证明，比起金钱奖励，孩子们其实更看重从阅读中体会到的乐趣，而不是金钱和物质奖励。那么针对已经形成良好阅读习惯的孩子，孩子到小学高年级以及初中高中后，阅读时间越来越少，奖励可以转变为适度允许孩子延长阅读时间，让阅读变成孩子的一种充电和减压的方式。

经过一段时间阅读之后，孩子的阅读量有一定的积累，这个时候，如果孩子能拥有自己的藏书章或者读书单，会让孩子非常有成就感，孩子会在一段时间内为了藏书章以及书单读更多的书。

另外，在孩子提出某些要求，家长又有点犹豫的时候，你可以试着让孩子从书中找点证据出来，比如名人名言，或者名人故事或者风俗习惯等的都可以。

比如说孩子想出去吃什么小吃，你最近又没有这个安排。那么你可以让他从书里找至少三个关于北京小吃的名人名言或者是名人故事，或者是北京小吃的来历等。只要符合你的要求，就可以带孩子去吃。不要小看这种训练，将来孩子在写作文的时候很可能会用到这些平常积累的信息。

2016年北京中考作文题目如下：有位外地朋友来北京，想通过品尝北京特色美食体验京味文化。请你写一段话，向他推荐一种具有北京本地特色的美食，比如北京烤鸭、涮羊肉、炒肝、豆汁、驴打滚、冰糖葫芦、艾窝窝等。

如果孩子早已有过类似的积累，那么当孩子在中考时看到这样的题目，和现场发挥比较起来，比起那些第一次看到这些内容的孩子会更有底气。已经在平常阅读中有所储备的孩子，自然能够更自如更有思考地面对这些题目。

习惯可有意为之，启动阅读习惯的核心因素很多，不见得会是哪一点，所以，我们可以尽量让孩子接触各种可能性。但一定要记得这一切阅读训练的前提条件是，从合适的角度切入，在孩子没有拒绝时进行，这样方可发挥阅读的最大作用。

第五章

CHAPTER FIVE

提升阅读力的小技巧
——习惯养成

在激情动力的帮助下，孩子慢慢会对阅读产生用心钻研的原动力。就着这个好势头，家长要趁热打铁，帮助孩子养成更好的阅读习惯，提升孩子的阅读力。

一、朗 读

明明今年二年级，最近说什么都不愿意去上学。明明妈妈特别痛苦。明明妈妈问明明为什么不想去上学，孩子只是回答不想去。才刚刚上小学二年级，就不想去上学，想想未来的学校生活还需要那么久，明明妈妈怎么能不苦恼。

从孩子那里问不出原因，明明妈妈只好去找老师交流。老师说明明平时在学校挺乖的，最近也没有发生什么特殊的事情，老师也是百思不得其解。

老师只好叫来几个平常和明明关系不错的同学了解情况。

同学们一听，七嘴八舌地和明明妈妈说，前几天语文老师上课时要求明明读课文，明明居然把一篇简单的课文读得磕磕巴巴的，像个结巴似的。于是全班同学哄堂大笑。明明当时都哭了。大家笑完就没事了，没想到内向的明明走心了。也许是觉得挺没面子，于是把这种受挫的心理无限放大，干脆逃避上学了。

在大人眼里或者在外向的孩子眼里的一件小事，居然是造成明明逃避上学的导火线。

具体情况具体分析，对于明明的情况，最好的方法是加大在家朗读的训练。大量的朗读是孩子加大词汇储备的最佳捷径。对于内心不是特别强大的孩子来讲，通过训练，提升自己综合实力，在一定意义上，是很好地规避情况恶化的良方。

最适合小学生朗读的是《日有所诵》。这套书根据孩子的认知规律，选取富有诗性的文本供不同年龄段的孩子诵读。这套书的作者团队相当专业。这套书还可以结合孩子们的教材使用，是语文教材的有益补充。

一个孩子，如果通过阅读和朗读培养起初步的自信，自然会清开孩子学校生活路上的绊脚石。家长如果再从旁给予合适的指导，假以时日，孩子无论是在成绩方面还是综合实力，都会有一定的提升。

针对孩子进行朗读训练，还可以利用微信等社交工具。比如说针对小年龄段的孩子，可以帮助孩子学习朗读短小的诗歌或者是小故事，可以用微信录下来发给孩子在意的人听，同时再把反馈告诉孩子，促进孩子深入朗读的兴趣。

孩子语言的习得路径是多方面的，有的孩子确实阅读量不足，但是不妨碍孩子能说会道，作文写得很好。这样的孩子一定看电视或者电影比较多，或者身边有这样的榜样。但是，长此以往，如果没有经过阅读滋润的孩子，语言质量并不会很高。通过大量的阅读、朗读，可以提高孩子的语言质量，让孩子形成全新的语言形式，孩子在表达时，能够有更多的可能性，他可以通过自己的努力，赋予普通词语奇迹般的光泽。

有位高中语文老师，平常忙于工作，少有时间关注自己孩子的成长。再加上因为见到过太多优秀的孩子，一旦看到自己的孩子因为作文写得不如人意，更容易火冒三丈。可是等到自己的孩子需要参加中考的时候，她方才意识到，该帮自己的孩子应对中考了。于是，这位老师用了两个月时间，每天要求孩子大声朗读二十分钟她选定的篇目。她结合历年中考作文题目，按照自己孩子的需求，为孩子量身打造不同的朗读篇目。用了两个月时间，她孩子的作文有了显著提高。究其原因，主要还是朗读起到了非常大的作用。

二、主题阅读

　　强强现在在华晨宝马担任工程师。强强毕业于清华大学汽车工程系。光听这个孩子的成长道路，分明又是一个别人家孩子的例子。强强的成长之路，其实并非一蹴而就，而是在家长的合理规划之下逐步成长的。

　　强强很小就喜欢汽车，爸爸经常会给强强带和车有关的图书杂志回来。平常在家里，父子俩也尽是看和汽车有关的书，谈论和汽车有关的话题。强强的爸爸妈妈知道，既然孩子很小的时候就已表现出对某个事物的合理的强烈爱好，那父母一定要尽可能帮助孩子拓展这种爱好。就拿汽车来讲，可以给孩子讲讲每个国家汽车品牌的区别，每个汽车品牌的故事，甚至拓展到汽车机械动能研究。这些都属于在孩子初级兴趣萌芽的阶段，家长帮助孩子深化和固化兴趣的努力。经过长期有目的的主题阅读，强强有这样的发展也不意外了。

　　如果孩子早早地萌发了对某个事情的兴趣，家长又从旁帮助孩子深入拓展，再加上孩子自己的努力，孩子成长的道路会少很多的困扰。

　　对于低龄段的孩子，家长可以从多个角度帮助孩子进行主题阅读的操作。比如说集中一段时间，专门给孩子读和"三"有关的绘本:《三只小羊嘎啦嘎啦》《三只小熊》《三只小猪的真实故事》《三只小猪》《三只羊》《三个强盗》等绘本,让孩子在会心一笑的过程中体会数字"三"的神奇。

也可以把情绪当成主题研究的对象。可以在一段时间之内,专门读和"爱"的主题相关的绘本。《猜猜我有多爱你》《爱心树》《树真好》,孩子可以从不同的绘本中自动总结出关于"爱"的主题。

可以集中在某一段时间内看同一个作者的书,比如这一段时间孩子喜欢宫西达也的绘本,那么除了《你看起来好像很好吃》《我是霸王龙》,还有《跟屁虫》《逃学的老鼠》等,让孩子对同一个作者的创作风格有整体的感知。

这种主题阅读的能力,与其说是一种能力,不如说是一种思维方式的启蒙。我们都知道,孩子小的时候,我们负责在孩子心中埋下自我管理和思考的种子,一旦孩子进入大学,走上社会,最好的事情是让自我管理和思考的种子发芽。这种主题阅读的能力一旦形成,无论将来孩子写作文还是应对考试,再往大了说,上研究生还是出国留学,都会更得心应手,更容易在学习方法和思考习惯上直接和高一级的方式对接。

三、与注意力培养相结合

小明妈妈在参加孩子小学第一堂公开课后,感触特别深。孩子上课如坐针毡,注意力不集中。课下和老师沟通,小明妈妈告诉老师,自己的孩子是听觉型的,所以上课的时候不太喜欢盯着老师的眼睛看,但是他实际上还是在认真学习的。老师没有接话,事实上,老师认为小明的表现和学习知识的方式没有关系,关键在于注意力不集中。

注意力不集中的孩子，会有一系列的问题让爸妈头疼，比如上课不专心听讲，记作业丢三落四，做作业磨磨蹭蹭，读书时漏字跳行等。这些事情都让小明妈妈感觉很崩溃，她觉得每天晚上辅导孩子作业，几乎都是在经历人间炼狱。小明爸爸每天下班回家，基本上有这么个心路历程：终于回家了，先放松一下，接着听到老婆训孩子了，先忍着。忍着忍着就忍不住了，于是，小明爸爸接着妈妈的话继续训小明，他每次都指责小明把妈妈给气坏了。这家庭气氛多让人压抑。后来小明爸爸妈妈都觉得上班才是一天中最幸福的时刻。

逃避不能解决问题，找到原因，从源头上解决问题才是王道。

注意力不集中到底是什么原因导致的？为什么我们感觉现在的孩子注意力不集中的情况越来越多？总体来说，剖腹产比例上升，孩子生活中刺激种类的多样化，父母容不得孩子孤独片刻等都是比较直接的因素，更主要的是环境的变化以及各种化学成分的摄入，对孩子的身体和注意力产生了各种各样的影响。

训练孩子注意力集中，除了饮食上要有所注意，不给孩子吃太多甜食以及垃圾食品，还可以让孩子多参与类似拍球、跳绳的活动。有人认为剖腹产孩子容易有感统失调的困扰，社会上也有各种各样的辅导班帮助孩子进行感统训练。其实在一定意义上，感统训练的核心就是在训练注意力。此外，可以配合各种图书对孩子从小进行针对性的训练。

怎么训练效果最好呢？从孩子小时候，就要开始结合阅读进行注意力训练。家长可以买一些孩子喜欢的找不同的书，训练孩子的观察力。在游戏式的阅读中潜移默化地培养孩子的注意力，这对孩子来说压力小，但是效果却非常好。比如接力出版社出版的《I SPY视觉大发现》就是一套非常不错的通过亲子互动提升孩子注意力的图书。

国内外的理论界都认为，孩子的注意力提升，黄金时间段是在12岁之前，如果在这个年龄前家长进行有效引导，积极训练，那么孩子注意力的提升还是非常有希望的。

由著名儿童教育专家杨其铎创作的《中国少年儿童30天注意力提升》（全四册），比较适合小学生提升注意力。杨老师是一位集理论与实践为一身的教育专家，她的书里没有花架子，有老一代专家的鲜明特色，上来就直接而且严谨地告诉你，用最合适的方法解决孩子面临的问题。这套书是从视觉和听觉两个方面入手进行训练。如果真的跟着做下来，会有效解决孩子注意力不集中的问题。

此外，还可以用更为专业的方法训练孩子的注意力。

"舒尔特表"训练是国际通行的最常见和最有效的人的视觉定向搜索训练科目。通过练习可以锻炼视神经末梢，也可以有效地培养注意力集中，同时还能拓展视幅，加快视频，提高视觉的稳定性、辨别力、定向搜索能力。

练习的时间越长，看表所需的时间会越短。随着练习的深入，眼球的末梢视觉能力会提高，不仅初学者可以加快阅读节奏，锻炼眼睛快速认读；而且对于进入提高阶段之后，不但孩子的注意力会得到极大的提升，同时还可以拓展孩子的纵横视幅，对孩子训练速读的能力也有非常大的帮助。

6	25	5	23	8
19	21	16	9	22
3	2	24	7	10
15	18	1	13	11
4	20	17	12	14

舒尔特表格

家长可以上网搜索舒尔特表格帮助孩子进行训练。每表按顺序来找，让孩子快速找全所有的字符，平均1个字符用1秒钟成绩为优良，即9格用9秒、16格用16秒、25格用25秒。刚开始练习达不到标准是非常正常的，不要着急。刚开始可以从9格的舒尔特表格练起。感觉熟练或比较轻松达到要求之后，再逐渐增加难度，千万不要因急于求成而使学习热情受挫。

训练中要注意不同年龄段的能力，7~8岁儿童按顺序找5×5表上的数字的时间是30~50秒，平均40~42秒；12岁以上看一张图表的时间大约是25~30秒，平均1个字符用1秒钟成绩为优良。每天训练十次以上，每次记录训练的成绩，短期内训练成绩可能不太满意，只要循序渐进，长期坚持，孩子的进步会非常大的。

四、快读阅读能力的培养

从孩子们六岁正式入学开始，其实学校教育一直在教孩子们慢慢习得书面语。尤其是在学习课文的时候，老师重在分析字词、归纳段意，有时候一篇课文恨不得学好几节课才能学完。所以，小学阶段，老师在课堂上是以教孩子们精读课文为主的。

那么，光靠精读练习，能够全面有效地提升孩子的阅读力吗？事实证明，虽然我们的小学教育一直在坚持通过精读提升孩子的阅读力，但是在高考的具体要求中，语文学科更多的是考察学生的阅读量。光靠课内的精读，有一定的局限性，不足以应对孩子成长以及考试的要求。

何况从小学时手把手的精读训练，到孩子一下迈进初中的大门，家长会发现，曾经小学老师对孩子阅读的一些要求，变成中学老师特别反对的了。比如小学老师让孩子一个字一个字地阅读，而且还得让孩子大声地读出每个词来，即便是默读，也得一个字一个字地默读。小学老师还会要求孩子必须彻底理解并且记住所读的每一个字，他们认为，这样的阅读才是没有白读。中学老师更愿意强调孩子自主进行大量的阅读。如果孩子还是靠一字一字读的话，肯定无法应付中学语文学习任务的改变。

包括我们家长自己，每次看到孩子看书，只要孩子翻书快一些，是不是就会认为孩子一定没有认真看？其实，不是所有的书都需要精读。

古人书不多，必须精读。因为在印刷术和纸发明之前，一般人接触书的机会不是特别多。书很贵重，得用手抄写在竹简或者木牍上。一片竹简、木牍写不了多少字，几部书很容易装满一辆马车。所以古人说那些有文化的人是"学富五车"。现在书海浩瀚，让孩子精读每一本书变得不太可能了。在阅读这件事上，我们家长的态度应该是以精读为基础，兼顾泛读。如果泛读再加上速度的要求，那么孩子的阅读量会非常大的。积累数量，必然能帮助孩子阅读质量得以飞升。

孩子的身心包括阅读能力，光靠自动提升不太现实，如果不经过专业的阅读训练，孩子升入初中之后会面临更大的考验，在阅读方面可能会觉得比较艰难。

想提升阅读力，肯定逃不开大量的阅读，而速读这种方式，是非常便捷的加大孩子阅读量的方法之一。

我们家长都知道，在孩子们阅读的时候，比较容易出现两个极端。一个是读得比较慢，但是理解得比较透彻。另一个是读得比较快，记得也还行，但是条理性比较差。

但是，你观察读过一本书和读过1000本书的人，他们读书的质量和阅读的速度差别是不是特别大呢？书读得越多，其实读一本书付出的辛苦就越少。为什么这么说呢？书是通过知识来阅读的。书读得越多，孩子的知识也就越丰富，对内容的理解也就越快，孩子阅读就会更轻松，更畅通无阻。

家长可以把这段话告诉孩子，从侧面鼓励孩子进行大阅读量的训练。当孩子对此产生勇气之后，再给孩子讲讲关于速读的历史，激发孩子自发地进行速读训练的兴趣。

为什么要强调阅读速度的培养呢？

《语文课程标准》规定，小学中高年级学生阅读一般现代文的速度，每分钟不少于300字。《九年义务教育全日制初级中学语文教学大纲（试用修订版）》规定，初中生阅读一般的现代文应该达到每分钟500字左右。《全日制普通高级中学语文教学大纲》规定，高中生阅读一般现代文的速度每分钟不少于600字。

那么一般成年人的阅读速度是什么情况呢？1996年有过一个比较科学的测算数据，中文阅读的正常速度是每分钟309字。但是这个数据，已经是20年前的了，现在官方鲜有更加科学的测算，普遍认为，成年人阅读速度应该在每分钟四五百字左右，再快一点的，可以达到700字左右，经过速读训练的，2000字左右不成问题。

为什么要提阅读速度呢？前面提到过，就近几年的语文高考卷子来讲，卷面本身的文字比起前几年基本上多了3000字左右，也就是说，现在的孩子在同样的考试时间内，比前几年的考生得多阅读大概3000字左右。如果阅读速度不够快，可能在规定的时间内，题都答不完。

那么，什么时候学习速读最合适呢？

小学生三年级以上，最好是四年级的时候开始学习速读效果会更好。孩子知道的词越多，越容易提高阅读速度并且理解得更好。三四年级的孩子，词汇的储备量已经够初步构建他们的背景知识，这使得速读成为可能。

速读的基础是需要孩子在注意力和词汇量上做好准备的。大多数专业的速读机构基本上都是从训练孩子的注意力开始进行速读训练的。

另外，家长可以观察一下孩子，当孩子进行课外阅读遇到不认识的词时，他们是怎么处理的。他们是马上去查字典还是跳过去，或者是去问别人呢？正确的处理方法是，孩子发现不认识的字词，家长可以鼓励孩子，如果不影响孩子理解或者说这个词看起来不是非常重要，那么可以跳过这个词，这样可以更好地利用时间去阅读。在阅读的过程中，孩子慢慢会通过上下文的意思推断出他不认识的这个词的意思。

那么，字典在阅读中的作用是什么呢？家长最好鼓励孩子，当遇到不懂的字词时，不要着急去查字典，可以让孩子把字典当成一种确认的工具，检验一下孩子所想的这个词的意思到底对不对，这对孩子也是一种非常好的思维训练。

具体速读的训练，可以从以下几个步骤进行。

第一步，通过上文提到的舒尔特表格训练孩子的注意力。

在孩子做好注意力准备的同时，孩子们可以进行第二种方式的训练了。那就是眼动训练。这些训练，意在拓宽孩子的视距。

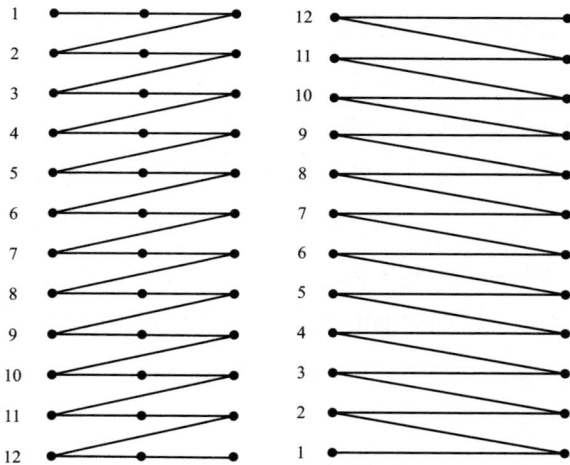

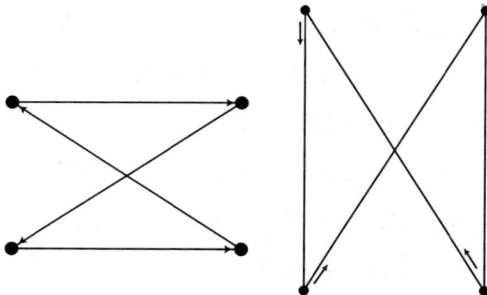

眼动训练图

为什么练速读会先让孩子开始练习貌似和速读没太大关系的眼动训练呢？其实这和速读时眼动的生理功能有关。

速读是用眼睛读，不是用声音读。整个阅读过程中的95%左右的时间眼球是不动的。也就是说，人的眼睛在阅读的时候，处于运动和停顿的交替过程中，只有在眼停时才能感知字句，每次眼停时感知的文字量越大，阅读的速度就越快；眼停的次数越少，阅读的速度也越快。眼停的这一瞬间，就像照相机快门的曝光，注视点放在什么地方，注视时间控制在多长的时间内，注视焦点和范围与意识焦点和范围是否同步，是所有阅读技巧在视觉方面的基础。

眼动训练的注意事项是，按照数字顺序以及箭头方向练习。这个视动练习和前面舒尔特表格练习的要求是一样的，每天至少十次以上。

刚才说到的舒尔特表格以及眼动训练，家长最好直接给孩子打印出来训练，不要借助电子产品，毁眼睛是一方面，更重要的是，孩子将来速读的媒介肯定是纸质的，所以，还是在纸上训练更有针对性。

做好心态和身体方面的准备之后，家长要帮助孩子进入速读的第三个环节，寻找关键词以及意群。

在任何一本书中，作者使用的大多数字都没那么重要，这为孩子们速读提供了一定可能性。在孩子阅读时，并不需要把所有的字都读一遍，孩子通过训练，只需要读比较重要的字词就行。

速读时寻找关键词，一定不要等同于考试中的寻找关键字词。只要孩子在速读中提取了比较重要的字词，没有造成阅读的断裂就可以了，这种找关键词和考试中找关键词不一样，不是非得在每个句子中停留特别久，认真准确地找到标准答案的找法。

那么，怎么练习寻找关键词呢？可以让孩子带着笔读书，给孩子指定一段话，让孩子先做慢动作训练。

第一遍：先让孩子拿笔快速地画出这一段话里的大词，只求速度，不求理解。如果发现孩子读完之后画了太多的词，或者一行中只有简单的一两个，都不要在意。如果孩子不确定他选择的词是不是关键词，只管画出来，只需要让孩子快速做完就行。

第二遍：再让孩子读一遍，让孩子眼睛更多关注划线的词，别的词眼睛都不用看，问问孩子，比起第一遍，他是否理解了更多的内容。

第三遍：再拿出另一张纸上的这段话来，不用画线，让孩子直接读这段话，计算孩子的阅读时间，同时考察下孩子的理解力。

经过这样的反复练习，你会发现，孩子越来越能够熟练地定位关键词了。第一遍画下划线，以及第二遍只看下划线的词，是为了帮助孩子训练找关键词的能力，但是最终的目标是第三遍，不用画线，孩子也能直接把握关键词。

举例来说，"这个任务是由一系列步骤和元素组成"这句话，总共十六个字。如果孩子抓住其中的九个关键字四个关键词，那么不但孩子可以非常好地理解这句话的意思，同时，读九个字就可以起到读十六个字的阅读效果，这就表明，孩子的阅读速度已经翻倍了。

需要说明一点的是，抓住关键字词，孩子只需要在每个关键词上略作停留就行了。

经过这样的反复练习，你会发现，孩子越来越能够熟练地定位关键词了。

结束关键字词的训练之后，孩子可以晋级到寻找意群的训练。

什么叫意群呢？意群就是表达同一个意思的一群字词。通过训练孩子寻找这些意群，可以让孩子保持好的理解力的同时，让视线移动得更快。

"他生就一副 多毛的脸庞，浓密的胡子 让人难以看清 他的内心世界。"

把这句话分成5个意群来读，可以起到减少眼球的停顿次数提高阅读速度的作用。在快速阅读的过程中，眼动时其实大脑并没有识别眼睛看到的字，只是在眼停的瞬间，大脑开始对所看到的字进行识别。

让孩子学会找意群，比一次只读一个词效果更好。孩子的大脑会配合孩子的眼睛，帮助孩子抓住意思相关的字词。意群无所谓大小，只要是表达一个意思的就可以是一个意群。养成阅读意群的习惯，可以有效地帮助孩子理解原文，因为孩子现在读的是每个意群的意思，不再是单个的没有关系的词了。

阅读的时候，阅读者不是用眼球一字一句地看，而是通过直观感受一下子读懂的。找意群阅读可以减少眼球的停顿次数，提高阅读速度。通过阅读意群这个方法，慢慢你会发现，孩子读到后来，很可能会将关键字词和意群结合起来读关键意群，大脑的潜力会被充分地激发出来。当然，真正在速读的时候，孩子可能会组合使用关键字词以及意群阅读法，不管孩子用哪种方法，对于孩子原来只选择一个字或者一个词的阅读，都是非常大的进步。

由意群阅读再提升的话，下一步孩子应该会去关注每篇文章的首段，每段文字的首行，以及每篇文章的末段和每段的末行。这是一个有经验的阅读者的小技巧。读首段首行以及末段末行，其实就是把书读薄的一个技巧。在这些小技巧的帮助之下，孩子的阅读速度必然有极大的提升。

　　提升阅读速度的训练，对孩子来讲是事半功倍的好事儿。但是，一定一定得记住，家长得陪着孩子认真练习，如果光是知道有这些理论而不去实际操作的话，那就是空中楼阁，理论必须落地才能发挥作用。别忘了，知易行难，说得再好，也不如做得好！平均来讲，如果孩子每天能花半个小时左右进行训练，孩子的阅读速度会在四五个月后有明显提升。

第六章

提升阅读力的小技巧
——精深练习

作为一个成年的读者，一般来讲，我们拿到一本书，肯定是要先看书名页的。为什么强调一定要给孩子讲讲阅读的一般规则呢？因为在很大程度上，这些不被孩子重视的一般规则，往往可以帮助孩子更多地从中获取信息。

一、阅读的一般规则

第一步，读书名。这可以让孩子在开始阅读之前，获取关于这本书的基本信息。比如说，孩子正在读的是《纳尼亚传奇》，那么在孩子的经验里，说到传奇可能会和故事有关。要是《西顿动物记》，孩子会直观感受到这本书原来是和动物有关的。只有第一时间知道自己即将面对的是什么样的作品，他才会对自己即将阅读的内容有大概的心理预设，对这本书的主题有初步的了解。

第二步，看这本书的序言或者是前言。因为作者会在这一部分里详细说明他为什么写这本书，并且一般都会大概描述这本书主要写的内容。

第三步，研究目录。目录一般是作者和编辑花费最大心思的地方。目录相当于我们出去玩的时候手里拿着的地图，或者是定位。一图在手，才能对书的内容了然于胸。

在目录里，作者会开诚布公提纲挈领式地表达自己在书里写的具体内容。编辑一般都会在目录的编排上花费很多时间和精力，会从每个章节里选取最有代表性的思想放在目录里。

当孩子对这本书的框架有了大概的了解之后，下一步，孩子可以根据目录提示的内容，直接找到他最感兴趣的地方去看看，之后再决定这本书该不该买，值不值得认真看。

第四步，如果这本书有后记，哪怕只有一页，也要先看一下。因为作者往往会在后记里，把书里的重点内容再梳理一遍。

很多孩子习惯拿到书之后，直接翻开正文的第一页看。这样孩子会与好些关键性的信息失之交臂。他完全不知道作者为什么要写这本书，这本书到底该精读还是速读，如果精读的话，该精读哪些部分。这就相当于我们到了一个陌生的地方，没有提前做功课，不知道哪些地方值得探索，哪些地方走马观花就行，容易浪费时间。

当然，如果是那种休闲阅读，一杯茶、一本书、一个下午，那是可以随心所欲地去读，我们现在主要关注的是可以提升阅读力的阅读。

刚才我们说的是看书的一般规则，也就是要从书名、序言、目录、正文、后记的顺序来读。阅读顺序这件事，家长一定在孩子初接触阅读时就按照这个规则给孩子示范，避免孩子阅读时随心所欲，没有头绪。

这种读书的方法，其实也是一种思维的训练。一旦孩子养成有条理的思维习惯，当孩子写作文的时候，这种阅读的思维习惯，会潜移默化地影响他写作的习惯，会让孩子的写作思路更加清晰。

另外，在不同的年龄段，阅读时间也有一定的规则。7岁左右的孩子一次大约可以读15分钟左右，一天可以读两次。9岁左右的孩子一次大约30分钟。13岁左右的孩子一次大概可以读40到45分钟。当然，不是非得严格按照这个时间来限制孩子的阅读，这只是一个普遍性的指导。

二、多和孩子讨论

要想让孩子主动阅读，不妨从和孩子讨论所读的书开始。

在孩子阅读方面，在能够为孩子提供帮助的人群里，妈妈起到的作用最大。为什么孩子小时候和妈妈的关系比起爸爸来更为亲密呢？因为自孩子出生的那刻起，虽然脐带的生理连结被剪断，但是心理和精神方面的联结永远都不会消除。孩子会把妈妈的话存放在潜意识中。要知道潜意识中仅仅有20%左右能够意识到，剩下的80%基本意识不到，但是在所有行动中，真正起作用的，正是这没说出口的80%的因素。

那么，在阅读方面，当妈妈用适当的问题帮助孩子归纳以及整理他所阅读的内容的话，孩子对所读内容的掌握会更加扎实。所以妈妈首先要努力成为"有协助能力"的大人。

我们所做的所有的努力，最终的目的是把孩子培养成成熟的读者。表面上看起来阅读可能是孩子消磨时间的一种方式，如果长期坚持，阅读能让孩子更水到渠成地学会思考。

怎么样帮助孩子思考呢？帮助思考的最佳工具，就是讨论。为了配合孩子的阅读，家长尽量自己先看一遍，这样和孩子沟通起来才会有话说。

那么，家长和孩子进行讨论，最终要达到什么目标呢？

孩子接触字书，最初看到的是文字，之后才会经过文字产生文学方面的感受，一旦孩子思考之后，又会在人文方面有所收获。所以，由文字到文学再到人文，是孩子阅读的三个过程。

加入讨论之后的阅读，可以完成下面这三方面的任务。

第一是价值澄清。可以帮助孩子培养是非观念，帮助孩子了解人生的多元性。你观察身边的人，有时候看着好像人生经历也不是多么丰富，可是看人和事时却那么透彻。极有可能是大量阅读带来的好处，因为他通过阅读，获取了好些关于人和人性的思考。

2013年有个20岁的年轻人程浩去世了。这是个从生下来就从来没下过床走过路，没有享受过正常童年，没有谈过一次恋爱的孩子。直到他去世，都没有确定病因是什么。但他并没有浑浑噩噩度日。他用阅读和写作支撑了短短20年的人生。他用他千疮百孔的人生，告诉大家人为什么活着。回过头来，再看看我们热衷讨论和担心的孩子们的"空心病"，肯定就有了不一样的感受。厚重和轻薄的距离，其实隔的是无数本书。

第二是文学之美。可以将文字化身为美好的值得享受的情感。这是比较容易理解的，而且这个过程基本上学校语文教育一直都在持续推进中。

第三是理性之光。可以帮助孩子在剖析问题时，培养逻辑思考以及分析脉络的能力。经过和孩子的讨论，可以让孩子有机会审视他所读的书到底给他带来了什么，进一步使孩子明白自己的阅读兴趣所在。

在理解阅读的这三个过程之后，妈妈们就可以正式和孩子对所读内容进行讨论了。

讨论之前妈妈一定要做好态度方面的准备，不能带着考察孩子阅读成果的想法和孩子讨论。你别以为你自己可以伪装得很好，千万别忘记，妈妈的一举一动，孩子都能敏锐地捕捉到，比如孩子热情地和你说，妈妈这本书写得真好。你二话不说，就问为什么，你是用考查以及质疑的语气和孩子说话，孩子心里肯定会想，还嫌我在学校没学够啊，看本书你都考我，算了，懒得搭理你了。

　　于是，接下来你怎么问孩子都不会回答你，发展到后来，孩子慢慢就不愿意和你讨论他所看的书了，甚至后来干脆就不看书了。看了你老问，不看你就没法问。真要是到了那样的境地，那事情就不好办了。

　　什么样的态度是合适的态度呢？当孩子热情地和你探讨他读的书的时候，你可以用这样一个句式，你要表现出好奇的样子，说："哦，说来听听。"同时，你要尽量放下你手头的事情，很认真地很专注地盯着孩子的眼睛听孩子说话。

　　那么，在一切准备就绪后，妈妈可以从下面四个问题入手和孩子讨论。

　　第一，这本书讲了什么内容。有利于孩子回顾和理解所读书的内容，同时训练孩子的概括能力和表达能力。

　　第二，作者说了什么观点，他是怎么说的。孩子想要回答这个问题，必定会想办法找出这本书主要的想法或者是观点，同时孩子也会去关注作者为了表达出这样的观点用了什么样的语句。

　　第三，这本书说得有道理吗，是全部有道理还是部分有道理呢？光是知道作者到底在说什么不是最终的目的，最终是要让孩子学会思考和辨析，知道不是所有别人的话都是可信的，只有经过自己思考和辨识之后的话才会更有道理。这种辨析力的训练，不但对孩子将来考试有帮助，对孩子的人生也有莫大的好处，最起码，他肯定不会成为一个人云亦云的人，面对一件事情，他会有自己的思考和辨析，不盲从。

　　第四，你从这本书里学到什么？读书的最终目的，是要自我提升的，而第四个问题，是让书和孩子发生关联的最好的一个步骤。

　　比如家长在陪孩子读《安徒生童话》时，对女孩子来讲，妈妈可以不失时机地把这个童话当成安全教育读本。当白雪公主给打扮成老婆婆的皇后开门之后，家长可以和孩子一起探讨，能不能给陌生人开门，哪怕陌生人看起来是一副很和善的样子。接着，再来和孩子探讨一下，能不能吃陌生人给的东西。孩子从白雪公主的故事里会知道很多问题正确的处理方式。如果再结合适当的情境还原练习，更能提升孩子的安全意识。

生活中我们很容易发现好些孩子都喜欢看童话。他们为什么喜欢读童话故事呢？经典的童话故事一般都有类型化的故事原型，比如说亲妈去世了，后妈特别坏，而爸爸绝对是软弱无能的，很少公开站出来支持自己的孩子。正应了一句俗话，"有了后妈，才有后爸"。很多孩子看童话的时候特别着急，总盼着爸爸出来伸张正义，可是从来没看到哪一部童话中有这个情节。这是为什么呢？

因为这个类型的童话故事，都是描述3个月之内婴儿时期那种偏执—分裂的幻想世界，对于婴儿期的孩子来讲，他们完全不需要爸爸，他们有妈妈就可以获得足够的安全感。爸爸的存在有什么作用呢，爸爸是为了给妈妈做支撑的。类似安徒生的童话的这些童话的重要性，更多的不在于教育，而是通过这种绝对化的世界来转移孩子们内心的强烈冲突。3个月之内的婴儿，妈妈在他眼里分成绝对的好妈妈和绝对的坏妈妈。他的内心没有办法处理妈妈有时候好有时候没那么好的问题。4个月到1岁的孩子，他会越来越明白，妈妈身上有好有坏。观察身边的人看人的时候，从来都是刚开始时对别人百分百表扬，之后又因为什么事情对同一个人全盘否定的，十有八九是因为他在3个月前的养育经历里，没有得到妈妈的完善照顾，所以看人容易极端。

类似这样的问题，都可以通过讨论慢慢渗透给孩子，帮助孩子成为可以自我教育、自我成长的人。有思考能力的孩子长大之后是不一样的，不但生活中可以更有智慧，思维方面会更有辨析力。你可以想象一下，当孩子在高考的千军万马中搏杀的时候，什么可以让孩子脱颖而出？实际上，最终那种有思考的孩子获得胜算的机会更多。

刚开始，这些问题都是家长来问孩子的，问得多了，慢慢这四个问题会成为孩子阅读时给自己预设的问题，接着他会成长为一个有自我要求的读者。这种经过长期训练得来的能力，会成为孩子内在的阅读动力。所有关于阅读的问题，最终孩子会尝试从书本里得到他想要的答案。比起漫无目的的阅读，带着问题阅读的收获会更大。

以《佐贺的超级阿嬷》一书为例。这是一本令人心底浮现淡淡的忧伤，同时又感到异常温暖的书。我们都知道这是本好书，但是这书好在什么地方？和孩子自己又有什么关系？

我们都说，如今的社会物质极大丰富、精神容易迷茫。人对幸福的要求越来越高，幸福被金钱左右得太厉害。但是佐贺的超级阿嬷是怎么评论幸福的呢？她说：幸福不是由金钱左右的，而是取决于你的心态。

因为家里穷，阿嬷将门前的河道当成自家的"超级市场"，阿嬷家的三餐菜单都是根据河道里漂来的果蔬决定的，要是一天没捡到东西，阿嬷就会说，今天市场关闭了。

这种没有被物质的贫穷打败的活法，对孩子是一种非常好的心灵启迪。整本书看下来，完全没有故弄玄虚的舞文弄墨，更多的是真情流露的质朴写法。大巧若拙接近白描的写法会让孩子学到更多。要知道，写作的最高境界，并非无数好词好句的堆砌，而应该是"只见明莹，不见衬露明莹之颜色；只见精微，不见制作精微之痕迹"的浑然一体。

通过讨论，慢慢给孩子渗透做人和人生的道理，未来才可以让他们顺利地成为自我教育自我成长的孩子。

刚才的四个问题是和孩子讨论的框架类别的问题，在实际操作中，家长还可以更灵活地多角度地和孩子探讨。

除了框架式的讨论，家长也可以从能够直接从书中找到答案的问题开始和孩子讨论。比如，比较简单的问题有书中的人物、事件、时间、地点等，这些问题孩子随手都可以从书中找到答案。

家长还可以从故事的开头和结尾的角度问孩子。比如《佐贺的超级阿嬷》里，德永开始因为什么和阿嬷一起生活？故事结尾的时候，还和阿嬷一起生活吗？阿嬷是什么时候去世的？享到德永的福了没？比如读《西游记》，可以问问孩子，最早唐僧要去西天取经，最后取到经书没有？

家长也可以从写作手法上问孩子。比如，《佐贺的超级阿嬷》是用第几人称写的？是不是按照时间顺序写的？

或者从感官的角度去询问孩子对这本书的直观印象。比如孩子看了《红楼梦》里描述宴席的一段文字，那么就可以问问孩子，你觉得这道菜会不会好吃？这都是在通过和孩子讨论调动孩子思考的积极性。

除了从书里直接找出答案的问题，家长还可以让孩子通过一定的思考，从书里所描写的冲突去寻找问题。

比如，可以为书中出现的难题找替代方案、解决方案。在看童话《美人鱼》时，和孩子共同探讨下人鱼公主怎样可以做到既不伤害王子，同时又可以恢复原样回到大海？《白雪公主》中，白雪公主有没有好办法，既可以躲开后母的迫害，又可以幸福生活？

还可以问问孩子，这本书里让人印象最为深刻的角色是哪一个？也可以问孩子最搞笑的、最窝囊的、最伟大的、最神秘的、最可悲的、最无情的等，充分调动孩子思考的积极性。

也可以问问孩子，这本书的高潮在哪里？孩子不知道如何回答的时候，你可以问问孩子，最让人激动的事儿是什么，你在哪个情节有想哭的冲动，看和妈妈掉眼泪的地方一样不一样。或者还可以问，让人笑破肚皮的地方在哪里，最让人生气的情节是哪个等。

由孩子的情绪入手，和孩子一起探讨关于一本书的细节，孩子更容易接受些。

当然，你也可以和孩子探讨一下，如果说要把这本书拍成电影，你觉得哪一段会最好看，其实你在问孩子这本书最具有戏剧张力的情节是哪一个。你也可以问问孩子，如果让孩子自己给这本书再起一个名字的话，会是什么。

也可以问孩子，书中有没有善恶冲突的场面，你觉得书里面的人物做出这样的选择对不对？这一类问题，已经把孩子的价值观加进去了。家长在和孩子互动的过程中，对孩子的价值观倾向会有一定的了解，进而通过讨论不断地影响孩子形成更客观更正确的三观。

其实这种关于书本内容的讨论，并不是非得有绝对标准的答案，讨论切入的角度可以相当自由，刚开始，只要有话可说即可，随着训练的不断深入，可以逐步加深讨论的系统性和思考的难度。实际上，与其说这是一种关于书本的讨论，不如说是家长在通过阅读和孩子进行一种天马行空式的思维锻炼。

需要强调的是，在和孩子讨论阅读一本书的时候，一定要用真诚热情的态度参与到孩子的阅读中，绝对不能拷问。时间长了，家长的态度会感染孩子，孩子会认为在和家长讨论一本书时，他是愉快的有收获的。

而且所有你问的问题，都要让孩子用自己的语言表达出来，这是检验孩子是否真正读懂一本书的关键所在。况且，在孩子为别人讲解一本书内容的时候，孩子才可能真正彻底理解这本书。

如果家长可以在孩子最初看完一本书之后的一周到十天之内，和孩子讨论三四次的话，关于这本书的记忆和思考会成为孩子的长期记忆。

众所周知，大脑判断信息是否重要有两个标准：能否多次使用以及能否打动内心。人类大脑接受的信息，都会被储存在海马体里，海马体暂时存储的信息周期是一到两周。在这一到两周之内，如果某部分信息被两到三次重复的话，大脑就会给这部分信息贴上重要的标签，然后这部分信息就会被转移到大脑记忆的金库中，并且被长期保存。所以，在孩子读完一本书的七到十天之内，家长最好可以通过各种不同的讨论和孩子一起巩固信息。

有的家长会觉得这些技巧操作起来这么麻烦，有没有一种办法不这么麻烦，孩子也可以提高阅读力呢？

实话实说，确实有，那就是大量的阅读。如果让孩子不间断地自由阅读品类繁多的书，孩子最终确实也能培养出比较高超的阅读力，但问题的关键是，这种方法最大的弊病，那就是会需要比较长的一段时间。

普遍来讲，如果家长不介入孩子的阅读，让孩子自由阅读，孩子一般得到五六年级左右，大阅读量的好处才能逐步体现。因为靠着量变积累出的质变是需要时间做支撑的。

如果期待短期内提升孩子的阅读力，那么家长就得运用更多的智慧，付出更多的心力。哪怕孩子现在刚刚入小学，作为家长首先要明白孩子将来的学习道路上到底会遇到什么样的问题，家长得未雨绸缪地做好准备，而不是一味地想着，我要陪我的孩子长大。等孩子长大了，你再去学习，还没等用到你新学的办法，孩子又长大了，又会有新的问题出现。但是如果你智慧地引领孩子长大，不但在阅读方面，在孩子整个人生道路上，他都会少走不少弯路。

三、找关键词以及中心句的训练

我们都有过学习一种体育项目的体验。在学习某一种运动时，比如说学做操，教练不会直接让学员学一整套操，而往往会从教学员分解动作开始学习。只有把分解动作练习熟了，之后才会用分解动作组合起来继续进行训练。找关键词以及中心句的训练类似于提升阅读力的分解动作。

低龄段孩子的阅读不能放任，在孩子不反对的情况下，要和孩子沟通所读书目，训练孩子提取关键词和中心句的能力。同时，可在孩子不反感的基础上进行概括文意的训练。注意，所有的前提是孩子不反对。只要孩子有一点点的不耐烦，马上叫停，千万不要破坏孩子阅读的快乐。

我们平常习惯说，通过大量阅读孩子自然会"书读百遍其义自见"。但是实际情况是，学校老师和家长往往没有那么多的耐心等着孩子通过积累阅读的量达到在阅读方面的成绩提升。实际情况又要求我们，必须为孩子做点什么，那么通过小技巧的帮助，让孩子掌握可以指导阅读的方法，孩子的阅读成绩必定会有很明显的改善。更何况孩子上了初中之后，由于时间紧张，不可能有像小学一样充裕的时间阅读大量书籍。如果家长能有意识地在学前和小学阶段，通过阅读小技巧让孩子的阅读效果最大化，从长远的角度来看，对孩子的学习和生活是一种有智慧的规划。

聪聪的父母都是中文系毕业，而且父母现在都从事文字工作，家中藏书量也非常大，聪聪也很喜欢看书，而且阅读速度非常快。别的孩子一个小时看不了几页，聪聪却几乎能用一个小时看大半本书。

问题是，聪聪的语文成绩却没有随着大阅读量相应提高，尤其是阅读题，每次都错得离谱。老师私下里和聪聪父母沟通，以为聪聪父母没能要求孩子多读书。聪聪父母感觉很困惑，因为他们从来没有过这样的体验，他们在读书方面从来没用父母管过，他们认为书读得多了，自然理解力就强了。可是老师肯定是希望孩子提升理解力的过程尽量缩短。怎样缩短这个时间差呢？每个孩子的特质不一样，有的孩子是需要父母帮一把的。聪聪父母要从源头指导孩子的阅读，可以从找一篇文章的关键词关键句入手，帮助孩子提升理解力。

经过一段时间的干预，聪聪在阅读方面掌握了一定的规律性，阅读题的成绩自然提升了。

我们要知道，并不是所有的孩子天生具备完美的理解力，对于需要帮助的孩子，家长还是要及早干预。语文成绩靠临阵磨枪肯定不行，无论小升初，还是中高考，不可能指望短期的训练快速提高孩子的阅读理解能力。

倩倩今年四年级，她的阅读量在班里算是比较大的，一年大概能读60本书左右，平均下来一周读一本多点。按理说，这样的孩子语文成绩差不了。实际上，倩倩的语文总是在阅读理解上面丢分很多。倩倩妈特别着急，后来专门带孩子去做了阅读能力检测，结果发现孩子的阅读能力大概只是普通孩子的20%左右。

　　实际上，现代文阅读能力也是可以选用合适的媒介通过适度的训练提高的。《阶梯阅读》就是不错的媒介。这套教材的着眼点之一，就是从所提供的所有篇章中寻找关键词和中心句开始训练孩子提升阅读力。这套书共有六本，可以配合孩子学年段使用。一年级的阶梯阅读，所有的答案都可以在给出的语段中找出。家长可以通过帮着孩子反复练习从原文的语段中寻找关键词的训练，逐步提升孩子的现代文阅读能力。其实这种练习，训练的是一种能够快速准确把握文意的方法。说玄妙一些，是在培养孩子的语感。这些看似虚无但是作用又非常大的东西，都得靠一点一滴的练习来积累。就像武侠小说里练习武术一样，如果没有夏练三伏冬练三九，怎么能称霸武林？

　　孩子在三年级之后，会有识字量的跃升，此后会出现一个阅读的补偿性成长时期，孩子阅读量会有爆发性提升。家长如果在这个时候能够及时对孩子的学习提供技术支持，孩子会迅速进入学习加速区域。

　　有些孩子在阅读时，会有跳字跳行的习惯，还有的孩子读了一段文字，根本就不知道那段文字在说什么，严重的甚至会被专家学者定义为阅读困难症，对孩子将来的学习和生活有不良影响。普遍来讲，有阅读困扰的男孩是女孩的三倍。从生理特点来讲，男孩子其实比较不适合被圈在一个固定的空间内用耳朵和嘴巴学习，如果给他们提供可以让他们用手来尝试的束缚少的空间的话，男孩子可以学得更舒服些。虽说现状如此，但是我们不能看着男孩子在阅读方面有这些苦恼却束手无策。我们首先要明确的是，在批评孩子阅读不好的时候，并不是孩子不努力，而是孩子有困扰，他们不知道该如何努力。如果家长不是一味批评而是传授孩子些阅读小技巧，培养和提高孩子的阅读能力，那孩子自会有极大的提升。

对待这个人群，可以让孩子带支笔读书，但前提是一定要避免妨碍阅读快乐。家长可以培养孩子在阅读时动手做标记或批注的习惯，如在重要的词语下划横线，不懂的地方做批注等。这样，就能起到集中注意力的作用，促进边读边思考。

正如前文所说，首先要确定一件事情，并不是作者所用的每一个字都是最重要的，其实作者使用的大多数字都没那么重要。这为孩子们寻找关键词解除了心理戒备。也就是说，在孩子阅读的时候，并不需要把所有的字都读一遍，孩子通过训练，只需要读比较重要的字词就行。

有经验的读者在阅读过程中并不是对每一个文字、语段平均用力，而是只抓住关键的词语和句子，其他内容则依次带过。只有这样，阅读才会有张有弛并达到一定速度；否则，在阅读过程中把注意力平均分配到每一个词语、句子上，不仅抓不住重要信息，还会造成视觉和脑力的疲劳，影响阅读速度。

通过长期寻找关键词和中心句的训练，孩子会收获一个意外的惊喜，那就是阅读速度会有极大的提升。反过来说，如果想训练孩子读得更快，那么也可以通过寻找关键词来进行。如前文所述，速读时寻找关键词和考试中的寻找关键字词不是一个意思。速读中的寻找关键字词指的是只要孩子在速读的过程中提取了比较重要的字词，没有造成阅读的断裂就可以了，不是非得在每个句子中停留特别久，认真准确地找到标准答案的那种关键词。

四、用思维导图做读书笔记

读书使人聪明的根本原因，是在读的过程中会有一个提炼的过程来梳理和巩固思维。

我们大人有这样的体验，明明是看过这本书，别人说起来时，只能大概记住自己好像看过，但是具体内容却回忆不起来。这是因为读书时的感受没有被思考规范，所以回忆就成了无源之水。

除了讨论可以帮助孩子很好地回顾和思考他所阅读过的内容外，帮助孩子掌握思维导图的方法来做读书笔记，也不失为一个好办法。

思维导图近年来被广泛运用到各个学科门类，是人们学习的一个好帮手。思维导图其实就是思维地图，可以通过鲜艳的颜色以及关键词让抽象的知识视觉化。思维导图最大的好处就是可以让所学的知识变得非常清晰。

思维导图虽然和我们一直用到的传统笔记都可以起到整理知识的作用，但是两者的区别还是挺明显的。传统的笔记属于线性笔记，更多的是往一个知识的纵深点深入，而思维导图实际上是利用发散思维，把知识结构化、网络化、立体化，让人的思路更加清晰。

此外，思维导图是图文并茂的，而线性笔记一般显得比较单调。我们都知道，我们的大脑其实是喜欢色彩缤纷图文并茂的信息，而思维导图不但有图，还有鲜艳的色彩，那么在这些因素基础上再去记忆关键词，更符合大脑的记忆规律，在思维导图的帮助下，记东西会更快更牢固。

别小看这种图文并茂的方式，你观察那些在人类历史上做出巨大贡献的科学家和其他行业的巨人，他们往往都非常喜欢用图文并茂的方式记笔记。比如爱因斯坦，他的笔记多属于图像型的笔记，他说他的语言只是用来和别人解释他的想法的。

这些图文并茂的笔记，对理清思路、提升思考效率有非常大的帮助。

大家平常一定都有这样的经验，思考一个问题时，往往脑海里会冒出万千个念头。但是如果说真要把这些念头条分缕析地写下来，有时候这些念头又比较喜欢和我们捉迷藏，总是用的时候就不知道跑哪里去了。其实孩子们也是一样的，平常和家长聊天时语言丰富，思想比较深刻，可是一到写作文的时候，就开始笔如千斤重，下笔没精神。之所以有这种情况，一部分原因在于孩子所有关于写作主题的念头很多很乱，没来得及系统化。而思维导图这种形式，可以非常好地将知识和想法联系起来，并且及时进行系统化的处理。

那到底怎么做思维导图呢？我们结合阅读来看怎样通过思维导图的模式全面归纳所读的内容。以《佐贺的超级阿嬷》为例。

首先，要找一张A4纸，而且，这张纸必须横着摆放。为什么必须横着摆放呢？你看我们的眼睛是不是左右两边横着长的，那电影电视等的电子产品，是不是为了配合我们的眼睛，屏幕都设置成横着的了。这都是因为横着放更接近和适合人的视野宽度。

接着要设置中心图。

一般来说，孩子刚学做思维导图，可以让孩子把纸折成九宫格的样子，中心图放在最中心的格子里。中心图可以手绘，也可以写字。家长可能觉得孩子画画不好，画得不漂亮，所以就不能做好思维导图。其实大可不必有这种想法。又不是让孩子参加绘画比赛，我们只是让孩子用思维导图这种方式，学会全面归纳和整理他所读过的内容，即便画得不好也没有什么关系。

　　确定好中心图之后，就要梳理思路，这本书到底写了什么，孩子觉得印象最深刻的内容是什么。然后把关键词写下来，关键词必须写在分支的线上。

　　在《佐贺的超级阿嬷》这本书里，可以通过这几个方面帮助孩子汇总，首先是这本书的基本信息，接着是人物设置，还有事件。当然，这本书都是描写一些小事件的，相对来讲都是比较琐碎的生活。但是孩子可以选取自己感兴趣的那些情节记下来。比如说，看到学跑步这个关键词，就可以想到因为家里穷，所以外婆建议德永学习不花钱的跑步。看到运动会，就可以想到运动会时德永的老师把自己的午餐带给德永吃。看到学习，就会想到德永考试成绩非常差的时候，阿嬷和他说，人生是总和力。看到棒球就可以回忆起德永打棒球的样子，贫穷的阿嬷因为德永当了棒球队的队长，斥重金给德永买钉子鞋的情节。

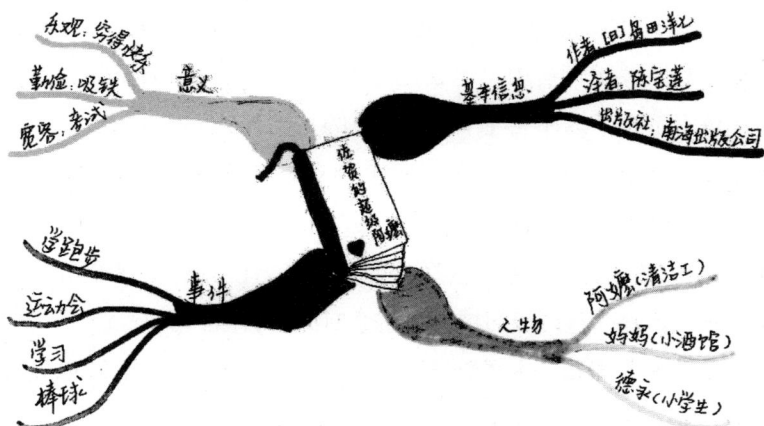

《佐贺的超级阿嬷》思维导图

梳理完情节，就该思考这本书的意义了。这本书里，塑造了一个开朗、勤俭、宽容的阿嬷形象，阿嬷告诉德永的是，人活着要有乐观向上的人生态度，这是这本书最大的意义。

所有关于这本书的内容，全部用关键词的形式写下来。

我们来看这幅思维导图的分支。主分支明显要比次要的分支粗。这种由粗到细的画法会最大限度地表现出各个分支与主分支之间的关系。至于分支的粗细，主分支要用最粗最醒目的，二级分支可以统一用细线。另外，一定要注意不能让分支垂直，否则关键词就没地方写了。而且主分支得和中心词相连，不能断开。

再来看看颜色方面的注意事项。整体颜色一定不能偏暗，要使用色彩鲜艳的颜色。因为颜色是活跃思维的润滑剂，跃动的色彩会让思维也跟着活跃起来。具体到一个思维导图，至少应该使用三种颜色。

刚才我们说过，主分支和次分支虽然粗细不同，但是一定要记住，主次分支颜色必须一致。

关键词可以使用黑色，也可以使用和分支一样的颜色。但是根据经验，关键词使用黑色会显得更加稳重，大脑在记忆的时候，会在色彩缤纷中选择关注个别的黑色的关键词。

如果说已经有了好些分支，主分支该用顺时针还是逆时针来排列呢？如果孩子习惯用右手，可以采用顺时针的方向来排列；如果孩子惯用左手，可以选择按照逆时针方向排列。这个可以不做强求，但是一旦形成习惯，孩子会对此有自己的认识。

家长在指导孩子用思维导图的方式归纳所读内容时，可以先给孩子大概讲讲思维导图的一般规则，然后一定要让孩子动手去画。孩子只有通过自己动手，才能发现存在的问题，最终使孩子快速提升。

第七章
CHAPTER SEVEN

营养书单

　　前面几章从阅读重要性、阅读兴趣以及阅读技巧等角度谈了引导孩子阅读的理论，如果配合合适的书单进行阅读训练，理论和实践结合起来，孩子的提升会更快。虽说全世界对于阅读最专业的最前沿的研究结论都告诉我们：阅读是教不出来的，但是也不用太悲观，阅读是可以有效引导的。

　　那么如何有效引导孩子的阅读呢？在掌握必备理论之后家长可以先从书单开始。

　　孩子们为什么需要书单呢？第一，学校语文教育培育的是语文的框架，但是书单提供的营养属于微量元素。没有微量元素人也能活，只不过活得不那么幸福。第二，如果孩子喜欢阅读，但是读不合适的书，轻的浪费时间，重的容易误入歧途。

　　我们帮助孩子选择图书的最终目的，是为了让孩子成为可以自己选择图书的人。你永远无法预测哪本书可以提高孩子的阅读兴趣，提升孩子的能力，所以，一定要让孩子有更多的机会接触好的图书，当务之急，就是尽力给孩子提供最高质量的书单。因为孩子一旦读了不合适的书，那我们浪费的不只是买书的钱，浪费的是孩子的时间以及孩子可能会有的美好未来。德国哲学家叔本华说过，把书读好的前提条件在于不读坏书，因为光阴似箭，生命短促。

　　我们在选书这件事上，受外界的影响太大了。现在好些书都会设计腰封，动辄就写出一堆人名联袂推荐。出书这件事，如果不把名人的名字写一下，好像就体现不出作者的实力。因此，给孩子选书得慎重，家长一定要以孩子的需求为主线。在什么样的年龄段，孩子有什么样的心理发展和特点，会面临什么样的困扰，希望得到什么样的帮助，这些因素，是我们最应该关注的点。

我们得承认，这世间人有好坏，书品也分高低。而且别忘了，最了解孩子的永远都是孩子自己。所有出现在本书单里的书，都是实打实经过孩子检验的，对于书单中出现的每一本书，孩子们都曾为之兴高采烈、矛盾纠结，或者痛哭流涕过。一本能够打动孩子的书，才是经过实践检验的好书。即便有些书孩子一时半会儿不能全部吸收，但是任何一本好书，只要能让孩子获益，哪怕是一个字、一个词、一种理念，都是一种成功。当然，不是说没入选这个书单的书不是好书，值得孩子看的好书实在太多了。结合孩子的成长规律，关照孩子由书触发的感受，才是本书单的妙义所在。

前面提到的提升阅读力的技巧，充其量只是一种技巧，阅读方面真正的提升，还是要从阅读本身开始，并且在阅读的过程中进行强化的。

对于那些还没有爱上阅读的孩子，家长可以参与到孩子的选书过程中。对于那些已经享受到阅读愉悦的孩子，家长要给孩子阅读的自由。但是，这种阅读的自由并不是随心所欲的，阅读自由正确的打开方式，应该是在适当的框架内给孩子的自由。

众所周知，14岁前是孩子的阅读黄金期以及饥饿期。家长要为孩子规划阅读，不能东一榔头西一棒子，听到什么书好就让孩子读什么。经过十多年的研究，无论哪个年龄段的孩子，家长为孩子规划阅读引导孩子阅读时，可以从常识、性格与能力培养，以及传统文化和国际文化四大框架为孩子补充阅读营养。吃饭不挑食，阅读营养也不能偏食。

一、幼儿期

幼儿期属于浅阅读阶段，此时适宜建立阅读的直觉。家长可以通过图书，告诉孩子世界是什么样的。这一阶段的孩子注重情节，多给孩子讲和孩子有关的故事，应多亲子阅读，多进行以图书为核心的形式多样的互动。

（一）常识类

适合幼儿期孩子看的常识类图书，首推斯凯瑞创作的系列图书。斯凯瑞因为《会讲故事的单词书》成名，这本书12年卖了700万册。他创作的"金色童书"系列风靡世界40多年，影响了几代人。这套书里小男孩最喜欢的是《轱辘轱辘转》。这本书的故事是用小猪一家的冒险故事串起来的，但是故事的线索还有好些，比如可以训练孩子观察力的金虫子藏在不同的车里等。孩子在阅读故事的同时，不但可以了解400多种车，同时也能通过寻找金虫子的藏身之处来训练观察力。

《妙想科学》是一套帮助孩子积累科普知识的图书。作者了解孩子尊重孩子，用讲故事的方式为孩子进行科普，比较容易让孩子产生亲切感。大多数国外的科普读物，针对不同的年龄、不同的接受能力有不同的版本和不同的角度，编写体系比较成熟。《妙想科学》系列就属于这个类型。

《妙想科学》系列里的具体书名对孩子有超强的吸引力。如《怎样撬起一头狮子?》《还有什么比象龟更老?》《恐龙喝的水和今天的一样吗?》《蓝鲸是最大的吗?》《什么比猎豹的速度更快?》

等，妙想科学系列总共有12本。这套书在妙趣横生的过程中让孩子习得更多的科学常识，也可以帮助孩子初步建立数字的概念。

《不怕数学》，最大的特点是有趣。这套书根据孩子的思维发展规律设计，用有趣的故事和图画让孩子感受数学的乐趣，培养孩子的逻辑思维能力、数学思维能力和解决问题的能力。不要小看这些培育，如果孩子从小对数学产生兴趣，那么将来上学之后，也会用轻松的心态面对数学学习。

（二）性格与能力培养

两岁半左右，孩子进入人生的第一个叛逆期，最直接的表现就是从原来的小天使一下变成小恶魔。你和他说什么，他总是习惯用"不"回答，什么都要对着干。比如有个小朋友，两岁半左右，动不动就爱用躺地上的方法和大人叫板。大人说起来，他会接着在地上躺很久。但是你要是说躺着，他立马就起来了。

因为这个时候，孩子自己能走能跑能吃饭，视野开阔了，此时他脑袋里正在快速构建自己的世界。而他们构建的方式就是反抗。家长需要明白的是，孩子的反抗不是挑衅，这个时候的他们是很勇敢、具有实验精神的小孩。

针对这个时期的孩子，新疆青少年出版社的《贝贝熊系列丛书》对孩子帮助特别大。这是斯坦·博丹和简·博丹夫妻为孩子们创作的系列绘本。他们夫妻俩被誉为"美国儿童行为教育之父"，他们的作品曾获得"美国儿童选择奖""英国图书中心荣誉奖""儿童读物研究协会年度奖"等奖项。他们为孩子创作了200多本贝贝熊系列图书，这些图书风靡欧美国家将近50年，发行量达到2.5亿册。

　　这个系列的图书，几乎全部是儿童行为规范准则范本，也几乎等同于现代家庭育儿手册，发生在任何孩子身上的问题都能够在这个系列的书里找到答案。

　　比如说这个年龄段的小孩有个特点，因为紧张等原因特别容易养成咬指甲和吃手的坏习惯。贝贝熊系列图书里有一本《坏习惯》，讲小熊妹妹因为紧张不断地咬指甲吃手，小熊妈妈帮小熊妹妹在手指上绑了胶带，但是没起到作用，用了很多的方法都没能改变她。后来在奶奶的启发下，熊妈妈用奖励的好办法彻底帮助小熊妹妹改掉了坏习惯。

　　类似这些咬指甲、多动的坏习惯，光靠家长的说教和唠叨是起不到任何作用的。当孩子们看到小熊妹妹也和自己一样有类似的坏习惯，孩子首先会产生亲近感，他会觉得原来我不是特殊的，我的问题别人也有。接着他们看着小熊妹妹能够排除万难改变自己，他们的内心也会把小熊妹妹的成功经验投射到自己身上，最终改掉类似的坏习惯。

　　再比如，这个年龄段的孩子比较容易在看到自己想要的东西，而父母没能够及时满足时又哭又闹，甚至满地打滚。小熊哥哥和小熊妹妹想吃糖、想买新玩具，熊妈妈不同意，但是熊爸爸总是说，孩子毕竟是孩子嘛，我们不也是从孩子过来的嘛。熊爸爸会尽量满足小熊哥哥和小熊妹妹的所有要求。

　　有一次在公共场合，两个孩子又在闹着要玩具，熊爸爸和他们讲道理，可是孩子根本不听，还在地上打滚，好多人都看着，特别丢人。熊奶奶教了熊爸爸熊妈妈一个好办法，那就是购物前先和孩子商量好，每次只能要一样东西。这是预防孩子见啥要啥的最好办法，实际上这是在预先让孩子做好计划。等他们再去商场的时候，看到别的孩子见啥要啥，大哭大闹，小熊哥哥和小熊妹妹居然还觉得人家不懂事，早就忘记自己以前也是那样了。

小孩子身上非常容易出现的偏差，贝贝熊系列丛书几乎都有应对的办法。比如说看到别的小朋友的东西比自己好，有《知足常乐》这本书可以帮助孩子调整心态。小宝宝出生了，有《家庭新成员》这本书帮助孩子用一点时间愉快接受。当孩子不能和睦相处，总是争吵的时候，《闹别扭》这本书可以提供好的相处之道。包括孩子整天看电视玩电脑，学习出了问题，不爱写作业，欺负别的小朋友或者被别的小朋友欺负这些事，都有相应的《电视迷》《电脑大麻烦》《成绩单大麻烦》《作业的烦恼》等书提供帮助。

所以说，几乎所有这个阶段孩子身上的问题，都可以从这系列图书里找到解决之道。

大人拿到书，首先想的是这书是否有意义。孩子看书，凭借的是感觉和好奇心。比如《勇气》这本绘本，大人会觉得，那有什么可害怕的，但是孩子的恐惧有时候特别有趣，甚至有的孩子会担心自己上厕所会被马桶的水冲下去。即便你怎么给他解释，他还是不会很理解。

《勇气》对勇气的认识很深刻也很丰富，作者特别了解孩子的心态，书里的勇气是孩子们在自己的年纪已经看见的、可以明白的、能够恍然大悟的。作者选取的都是生活中小小的片断，用优美的语言和活泼的画面教孩子用勇气面对未知的下一刻：勇气是骑自行车不装辅助轮，是留下一根棒棒糖明天享用，是向陌生人问好，是勇尝不喜欢的蔬菜……

假如孩子遇到害怕的事情，你不是用说教，而是通过《勇气》

这本绘本告诉他别的孩子是怎么做的，他会感受学习。这种感受，会在将来某个时候被适时被唤醒。

　　某一年某个地方小升初作文题目是《我进步了》。当绝大多数孩子都写自己通过努力学习在考试中取得优异的成绩而进步时，有位读过《勇气》的孩子，写了自己卸掉辅助轮学会骑自行车的经历，作文最终拿了不错的成绩。所以说，任何时候的管道铺设，都会在未来的某一刻收获惊喜。

（三）传统文化

　　《三字经》《弟子规》《声律启蒙》是一定要给孩子读的，而且最好由爸爸妈妈来为孩子读。孩子长大后的很多行为规范，在《三字经》《弟子规》里有非常好的讲解。这个年龄段的孩子，不见得会真正理解，但是要让孩子从小接受熏陶。

　　《荷花镇的早市》获得第一届丰子恺儿童图书奖的优秀儿童图画书奖。这本绘本故事一点都不复杂，主要讲住在城里的阳阳回水乡给奶奶过生日，姑姑带他逛水乡集市的所见所闻。曹文轩对这本书有很好的评价："这是一本具有中国风格的绘本，它是中国绘本的优美开端。"第一届丰子恺儿童图画书奖优秀儿童图画书奖授奖评语："作者用大幅的跨页、丰富的场景、众多的人物，烘托出早市的热闹；简短的文字多为对话，表现出的是温暖美好的人情。"一本没有曲折故事的绘本，传达的是平静温馨的人文情怀。这种传统文化的浸润，将来都会成就孩子不一样的语文气质。

　　《安的种子》是一个关于"等待"的故事。老和尚把三颗"几千年前的莲花种子"分送给三个小和尚：一个名字叫本，一个名字叫静，一个名字叫安。本很急躁，想抢头功，在寒风中把种子种在雪地里，结果种子死了。静把种子种在好盆好土里，珍藏在屋中，运用知识，加以人工保护，但是因为违反自然，种子也死了。安不慌不忙，等待着季节变换，工作照做，日子照过，直到春天来了，天气暖和，池塘水满，才把种子种在池塘的一角。他把种子种活了，在夏天开出美丽的莲花。

故事所展示的是一种"等待的智慧"，这种智慧来自对大自然法则的认识、尊重和顺应。这绘本带给孩子最大的启发是遇到事情可以像安一样拥有平和的心境。

（四）国际文化

《查理和劳拉：我绝对绝对不吃番茄》，书名起得欲擒故纵，其实是可以引导孩子用不一样的角度看待蔬菜，并且帮助他们自愿吸收不同蔬菜营养的书。给蔬菜起不同的名字，达到吃掉蔬菜的目的就行，为什么非得管豌豆叫豌豆呢，豌豆是从天上掉下来的来自别的星球的绿色圆球。不但充满了想象力，同时童趣十足，孩子自然会对这本书产生不一样的好感。

同系列的"查理和劳拉"还有许多吸引孩子眼球的书，有时间都可以找来和孩子一起读。

《花婆婆》给孩子心中种下的是善良和爱的种子。她曾经答应过爷爷三件事：第一件事是去很远的地方旅行，第二件事是住在海边，第三件事是做一件让世界变得更美丽的事。于是她种了好多好多的花。特别是最后一件事，是最启发孩子本性中的美和善良的契机。

二、小学低年级

小学低年级是初步建立阅读习惯的阶段，通过阅读意在告诉孩子他自己和世界的关系，这时期孩子阅读比较注重人物，方式上比较适合亲子阅读，同时结合朗读效果会更佳。

（一）常识

《小牛顿科学馆》①是台湾牛顿公司原创的科普图书。这套书在人口只有2000万的台湾已经陆续卖了1500万册，从数据上可以看出这套书的品质。此书曾经三次荣获台湾图书出版最高奖项"金鼎奖"。小牛顿深受孩子欢迎的原因之一，在于它非常符合儿童的认知规律，能够在激发孩子兴趣的同时深入研究不同的科学主题。

《问个不停的加斯东》是为孩子充沛的好奇心准备的。比如说，为什么要上学，为什么我不能挑我喜欢的事情做，我生下来之前在哪里等。这个时期的孩子，基本上还处在十万个为什么的好奇宝宝阶段，书里提供的答案，其实是一种思路，家长可以依据这个思路自己组织语言，帮助孩子了解世界。

《儿童好奇心大百科》主要回答比如肥皂为什么有泡沫，滑滑梯屁股怎么会热，苹果削皮后为什么会变色这样的问题。

这个年龄段的孩子，有上面这三套科普书，基本上就可以搭建孩子科普的框架了。所有这些科普知识，均可在孩子升入初中，特别是学习物理、化学科目时被唤醒。

特别要推荐的是《我看见一只鸟》。这也是一本丰子恺原创

----

① 本书所涉所有中国台湾原创图书，大陆均已引进，并以简体版式出版。

图书获奖作品，这本书可以帮助孩子认识鸟类，让孩子爱上自然。翻开这本书，那种工笔细描的美让人特别震撼。这本书不但可以当作科普书来读，还可以当成艺术作品来欣赏。

（二）性格与能力培养

一年级的孩子尚未彻底建立集体意识，集体好与不好和他关系并不大。他们刚入学，在新环境里会有些拘谨，更喜欢听老师的表扬，而对老师的批评不会太放在心上。于是你会发现，怎么老师刚刚因为这个问题批评过他，一扭脸，他又重犯同样的错误。

针对这一阶段孩子的心理特点，家长可以有意识地提前让孩子看看《一年级的小豌豆》（女版）、《一年级的小蜜瓜》（男版）。这是儿童文学作家商晓娜为上小学一年级的孩子量身打造的两本书。我们平常用苍白的语言告诉孩子上学后要注意的所有问题，都被商晓娜用故事的方式讲出来了，可以非常好地在心理上让孩子做好上小学的准备。

在培养孩子的过程中，著者最大的感触是，如果家长可以帮助孩子为将来的生活做适当心理建设的话，孩子在新环境或者新问题出现的时候，不至于手足无措。这本书大概讲了小学是什么样的，比如需要连续坐40分钟、下课才能上厕所、回答问题举手，包括孩子可能会遇到的各种麻烦等，这比直接告诉孩子更容易让孩子理解。这个年龄段的孩子，他们更注重人物，也就是他们更会有样学样。他们看到小说里的小豌豆和小蜜瓜非常恰当地处理好所有问题时，他们自己也会用合适的方式处理自己面临的问题的。

绘本的影响在小学低年级阶段依然是不容忽视的。小学低年级，可以继续发挥孩子小时候对绘本的热爱的持续作用。特别是小学一年级的孩子，更需要绘本帮助他们在情绪上有所调整。

在这个时期，前面提到的新疆青少年出版社的《贝贝熊系列丛书》依然可以让孩子看。所以说，这个阶段孩子身上的问题，几乎都可以从该系列图书里找到解决之道。好些家长总以为这套书是幼儿园读物，其实小学一二年级的孩子读这套书，更容易产生共鸣，这套书能更好地帮到他们。

由于个人能力的提高和思维方式发生变化，二年级学生心理趋向稳定，个人能处理的问题越来越多，即使遇到困难，也不会像一年级那样哭鼻子了。

由于贪玩，孩子经常忘记做应该做的事，耽误学习。为了避免被指责，有时会说谎话。一年级学生想去玩时，会直接提出要求：让我出去玩一会儿吧！但是，二年级学生便改变了方法：作业完成了，可以玩了吧。或者说：今天没有作业。遇到这个问题怎么办？刚开始发现孩子说谎话，不要太认真，假装和孩子说别的事，暗示或引导他明白相关的道理。

同时，可以让孩子看看《不想说谎的孩子》。这是一本充满正能量的励志书，通过妹妹的勇敢真诚，让爱说谎的坏哥哥变回到原来的好哥哥。同时，如果孩子有能力，可以给孩子看看"少年励志小说馆"的第一辑和第二辑，两套书给孩子讲述了很多他们实际生活中可能遇到的问题，并且都有充满正能量的解决方案。

进入三年级，对崇拜的人物有时会达到入迷的程度。在有力量、个头高的学生面前，表现出服服帖帖的样子来，容易对"孩子王"言听计从。到这一个阶段，可以给孩子看看下面两本书。

《胆小鬼威利》。严格意义上来说，从文字的角度看，这本绘本对三年级的孩子太简单了，但是绘本所传达的精神和理念，会让这个年龄段的孩子受益匪浅。这本绘本让孩子学会通过自己努力变得强大，不再盲从和受人欺负。

《米尔顿的秘密》是德国《当下的力量》的作者给孩子写的书。米尔顿被大孩子打，整天生活在恐惧之中，爷爷教给他不要为过去和未来的烦恼发愁，要过好当下，让自己的内心变得强大。这本书是张德芬翻译的，语言非常有质感。

在性格和能力培养方面，以下是具有普遍指导意义的书。

前面曾经提到过的《日有所诵》，一个系列共六本，同时还可以结合孩子们的教材使用。作者很注重入选文章的诗性美以及经典性，在孩子朗读的同时，增加了孩子语言的感受力以及词汇的储存量，可以有效提升孩子的语感。

《小学语文新课标阶梯阅读训练》，这套书共有六本，按照孩子的学年段，从片段文章的分析，到后来高年级整篇文章的分析，从寻找关键词开始训练孩子的现代文阅读理解能力。而且，这种现代文阅读训练是循序渐进的，阶梯式提升的，孩子不会因为难而拒绝训练。

《孩子，先别急着吃棉花糖》，看题目就能知道这是在教会孩子延迟满足的书。不同之处在于该书以小学生爸爸的角度入手，通过讲别人故事的方式告诉孩子这个道理。故事里涉及"为什么同学们都不喜欢我？""为什么要这么辛苦地学习？""为什么一站到台上，我就紧张得说不出话来"等，可以用别人的故事彻底为自己的孩子解惑。

《快乐儿童的七个习惯》这本书的作者相当著名，他写了一系列关于"七个习惯"的书。小孩子可以看《快乐儿童的七个习惯》，青少年可以看《杰出青年的七个习惯》，大人可以看《高效能人士的七个习惯》，要解决家庭问题的可以看《高效能家庭的七个习惯》。

作者史蒂芬·柯维说："我们帮助孩子为未来做好准备的方法多种多样，但最好的方法莫过于向他们强调人际交往、团队协作、积极主动和个性自我的重大价值。"这本写给孩子的书，以动物为主要角色，给孩子们普及了如何从小培养七个良好的习惯，在孩子管理自己的时候，让他们更快乐更心甘情愿。

《小狗钱钱》是一本不可多得的儿童理财童话书。如果说贝贝熊系列图书里的《钱的学问》对幼儿期的小读者进行了理财启蒙的话，那么《小狗钱钱》则用童话的方式告诉孩子怎样认识钱，怎样挣钱，怎样规划钱，怎样花钱。故事是从女孩吉娜救了一条小狗开始的，吉娜给小狗起了个名字叫钱钱。后来发现，钱钱居然会说话，于是钱钱教了吉娜好些关于钱的常识。

儿童理财书这几年确实有不少，但是能用这么恰当的让孩子喜欢的方式，这么透彻地为孩子讲明白理财的书并不多。甚至大人都可以在这本书里得到不少的启发。

（三）传统文化

孩子们在一定的年龄段，会对爸爸妈妈小时候的故事表现得很在意，他们心里对爸爸妈妈小时候的事情充满了好奇心。爸爸妈妈有空可以给孩子读读你小时候读的《阿凡提的大智慧》。虽然文化慢慢变成了快餐式的，但是有些精神却是不老的。况且不是所有最新的书才是好书，优质图书的生命力是非常旺盛的。

《小猪大侠》的作者张之路是一个非常值得长期关注的作家，他曾创作过《霹雳贝贝》。他的所有作品，都有天马行空的想象力。这本书讲男孩莫跑跑因为特殊原因变成了小猪，之后发生的故事既幽默又紧张，孩子读时会手不释卷。

要知道童话不仅仅只有《安徒生童话》《格林童话》，我们中华民族也有许多非常精彩的童话，收集在《最美最美的中国童话》一书中。1920年至1931年，北京大学、中山大学的学者在战火中抢救了一大批中国民间传说及童话故事，为传统文化保留下极其珍贵的第一手资料。1981年，台湾汉声出版社在北大、中大前辈收集童话的基础上，继续深入民间，遍访民间故事传人，形成本书最初的故事库，后来改写成为完整、符合现代价值观的故事。

在编写的过程中，汉声编辑会到游乐场邀请正在玩的小朋友来听，他们选故事的标准是"听到故事开头的小朋友舍不得离开去玩皮球，一定要听完才罢休"。所以中国童话里的每一个故事都能迅速地让孩子入迷。

这套书不但故事精彩，同时每一幅插图也饱浸传统文化的精髓。汉声从传统年画、皮影、刺绣、壁画、雕塑石刻中汲取技法，以毛笔、宣纸细细描绘，将故事中最精彩的部分化为一幅幅鲜活灵动、具有传统风味的图画，让孩子能在阅读精彩故事的时候，习得中华传统美术的精髓。

（四）国际文化

《桥下一家人》是纽伯瑞大奖获奖图书，主要讲述贫穷境遇下的爱。纽伯瑞大奖是美国图书馆学会为纪念纽伯瑞设置的奖项，颁奖对象为上一年出版的英语儿童文学作品，与"国际安徒生奖"齐名。纽伯瑞是英国人，编写并出版世界上第一本专门的儿童书《美丽的小书》，开办了世界上第一家专门的儿童读物印刷厂、第一家专门的儿童书店，崇尚"快乐至上"的儿童教育观念。

如果家长有精力的话，可以根据这个奖项来为孩子安排阅读书目，获奖的每本书都是精品。

《桥下一家人》传达的人文情怀对孩子是一种渗透。不要小看这种情绪，它们将来都可以转化到孩子的作文以及生活思考中。

《时代广场的蟋蟀》这本书对友谊的描写特别让人感动。在这本书的基础上，可以持续关注《不老泉文库》。这个文库只收录一版再版的书，最有价值的书。

《波普先生的企鹅》这本书非常幽默，曾获过大奖，还被拍成电影，由金凯瑞主演。

其实无论是传统文化还是国际文化，这些书共同的内核都是爱。让孩子多读书，是在让孩子保有最纯真的感受，理解和体验万物的美好。

另外，罗尔德·达尔的部分作品、林格伦的作品，孩子有空都可以看看。

三、小学高年级

小学高年级属于深阅读（研究型）的启蒙阶段。孩子处在发现和改变世界的敏感期，他们注重思想，阅读的方式以自主阅读和探讨为主，家长注意这个阶段要有意识地和孩子进行深入探讨，帮助孩子梳理思想。这个时期，如果孩子已经有非常好的阅读习惯，可以根据孩子的阅读水平和理解能力，适当增加些名著的比重。

（一）常识类

《大英儿童百科全书》是之前绝版的《不列颠版儿童百科全

书》的再版，是一套科学与人文完美交融的书，和通常的工具书比起来，可读性更强些。该书中的每一个条目，几乎等同于一个短小精悍的故事，由自然科学知识中流露出深厚的文学底蕴，这是非常难得的事情。

《万物简史（少儿彩绘版）》《物种起源（少儿彩绘版）》，这两本书是近几年最受欢迎的科普书。作者用清晰明了、幽默风趣的笔法，将从宇宙大爆炸到人类文明发展进程中所发生的许多妙趣横生的故事一一收入其中。作者行文流畅有趣，而且语言有一定的哲学味道，既通俗易懂又引人入胜。

如果孩子读了《万物简史》以及《物种起源》之后，对宇宙抱有极大的热情，那么可以推荐孩子看《时间简史（插画版）》。相对来讲，这本书会略微有点难度，但从主题阅读的角度出发，非常适合孩子的持续研究和探索。

刘慈欣的科幻作品《三体》，备受读者与媒体的赞誉，被认为是中国科幻文学的里程碑之作，大家公认该书将中国科幻推上了世界的高度。《三体》是一部让人眼界大开的书。看完后，仰望夜空，同样的星星，在孩子眼里，会变得迥然不同。有时候人们老说，阅读有什么用？同样是看星星，不阅读的人会说，"哇，星星，太漂亮了"。阅读的人，会联系很多的想象，会构筑别具特色的审美空间。

（二）性格与能力培养

四年级的孩子，其实是整个小学阶段最难管的。他们开始认识到自己是一个独立的个体，他们已经学会了寻找对自己有利的理由替自己辩护。这个时候，让他们读读同龄人的故事，多往他们内心深处灌注些不同类别的爱，让他们知道，爱才是生活的原动力，会帮助他们化解很多困扰。

《佐贺的超级阿嬷》，日本喜剧泰斗岛田洋七的自传。该书讲他爸爸去世后，妈妈没有能力独自抚养他，于是把他送到乡下的外婆家。外婆的日子过得特别苦，最苦的时候甚至没有饭吃，但是外婆是个乐观的人，无论生活多么艰难，外婆都想方设法让生活变得更有趣。通过这本书的阅读，能让孩子知道，贫穷是一种客观存在，但是心态却可以自己调节，成为一个有趣的人，可以让生活变得更加精彩。

《爱的教育》，一版再版的好书。该书用日记体的形式讲述四年级小孩恩里克一学年的故事。最让人感动的是，作者通过一件件平凡、细微的事情，多维度地展示人性的善良与纯洁。有这样的书滋养着，四年级的孩子心底的爱和宽厚会与日俱增。

五年级的孩子在心理发育方面，想象力已经接近现实生活。这个年龄的孩子，甚至敢和老师或家长顶嘴了。而且，这个年级的孩子开始学会和别人开玩笑，甚至有时候会嘲弄别人。

《绿山墙的安妮》讲述的是一个"丑小鸭"蜕变成善解人意的姑娘的故事。这本书被称作"加拿大儿童文学史上唯一的经典"，可以想见有多么重要。非常难得的是，整个故事都是用幽默的语言妙趣横生的故事铺展开来，而且始终孕育着一种积极向上的生活态度。小说最后一句话："苍天在上，愿万事美满！"对生活寄予了热切的希望，可以更好地激发孩子对生活的热情。

此外，《狼图腾》《鲁滨孙漂流记》《海底两万里》《布鲁克林有棵树》《哈利·波特》这些书，都可以让五年级的孩子开始看了。

六年级的孩子尊重强者，但是容易对自己估计过高。他们的反抗精神以及反抗理由，基本来源于自己的生活经验，一般没有更大范围的论证能力。这个时候的他们容易追热点，开始崇拜偶像。

对六年级的孩子，爱的教育还得延续。这时候，可以推荐孩子看《皮囊》。蔡崇达坦荡荡地写了自己故乡和亲友，无论什么时候看他的书，总会得到不同的启发。

如果孩子有能力，可以在此基础上，陪伴孩子看路遥的《平凡的世界》，让孩子感受下平凡世界中因为人的坚韧变得不平凡的经历。

对于偶像崇拜，家长也可以正确引导，虽说现在是颜值当道的时代，但是在孩子不断看好看的脸的同时，也要告诉孩子，有好些颜值高的艺人，他们的成功也是付出许多艰辛和努力的。比如张艺兴的《而立24》，在这本简单的书里，孩子们可以看到张艺兴的迷茫以及超乎寻常的努力。

整体而言，小学高年级的孩子，他们的视野和见识更广泛了些，他们没那么认同家长的想法了。这一时期的叛逆来得容易更为猛烈，不像小时候的叛逆期，你可以用故事影响他修正他，处在这个时期的孩子，往往会厌倦和大人沟通，因为之前的经验告诉他，和家长沟通不是解决问题的最好方式，他要当行动派，他想做什么就会直接去做。

话说回来，叛逆期只是为我们当家长的开解自己的借口。因为我们可以心安理得地把所有的问题归结为孩子自己因为成长遇到了困扰，是孩子自己的问题，不是我们大人的问题。

实际上，孩子青春期遇到的问题，是孩子成长过程中一直就有的问题，只不过在这一时期，问题一下严重到我们做家长的没有办法应对而已。所以，在这一时期，我们能做的，首先是要理解孩子挣扎着成长的痛苦，最多就是一个倔强的孩子在慢慢长大，离我们越来越远罢了。这时候，我们心里要多想想龙应台的《目送》中的那句话："所谓母女母子一场，只不过意味着，你和他的缘分就是今生今世不断地在目送他的背影渐行渐远。"

（三）传统文化

《三侠五义》。一说这个书名，家长很容易被吓到，但是你要是知道孩子阅读之后的效果，你就不怕了。五年级人教版的教材有篇文言文《杨氏之子》，深爱过《三侠五义》的孩子，看到《杨氏之子》，在别人琢磨字意的时候，已经很轻松地把《杨氏之子》背下来了。这个孩子谈到自己之所以觉得文言文特别亲切，主要得益于《三侠五义》，可见，并非所有这一类书都是只会带来坏处，用好了照样可以让孩子受益良多。

如果孩子有兴趣，之后可以让孩子读读金庸的作品。不要一提金庸就害怕，我们大人不也是从这个年龄走过来的吗？何况，现在的很多名著，在刚诞生的那个年代，不也有些是被当成禁书不让流通吗？把目光放长远一些，只要能汲取到营养，那必定是对孩子有好处的书。

《少年的荣耀》是抗日战争题材的长篇励志小说，也是一部充满硬度和温度的成长小说。现在的孩子在个性品格里，需要有一点硬的东西支撑。在儿童文学界，像李东华这样写战争的小说不多。另外，这本书可读性很强，孩子读起来会感到兴味盎然。

《火印》也是一部战争题材的儿童小说。一匹马一个娃，还有对人性和战争的思考。孩子与生俱来对和动物有关的文字感兴趣，下一章咱们再深入探讨孩子之所以喜欢动物小说的原因，并且专门推荐些动物类的文学作品。

《不想长高的男孩》，故事的内核让人感觉非常温暖，而且语言也非常有质感，孩子们读起来会在会心一笑的同时产生更多的思考。

（四）国际文化

《多莱尔的希腊神话书》销量过千万，迄今仍在亚马孙榜单前列。该书入选纽约公共图书馆"百年百佳书"。想要探讨西方的文学和艺术，不了解希腊神话肯定行不通。在众多版本的希腊神话中，唯独这一本从1962初版以来到现在依然经久不衰。作者对希腊神话中的谱系梳理得非常清晰，同时配图也非常明朗大气，比较适合孩子欣赏。

《风中玫瑰》是写给女孩的励志故事，作者用写童话的手法讲了一个墨西哥的"白富美"女孩艾丝佩芮拉的成长故事。因为家庭变故，她从墨西哥逃到美国，一下变成了灰姑娘。用一句话概括，就是这个女孩如何坚强地由奢侈的生活到内心的富足的过渡。同时，也可以让孩子收获些多元文化和相关历史知识。该书适合青春期的女孩看。

《驭风少年》是写给男孩的励志书，该书也是一本自传小说。主人公生活在非洲的一个小国，全国只有百分之二的人口能用上电。他14岁辍学，辍学后在废品场里收集废铜烂铁，借来爸爸的自行车轮胎、村长家的胶管，依靠乡村图书馆的一本《探究物理》，经过多次"疯狂"试验，终于造起一架梦想中的能发电的风车。他不但改变了环境，同时还找到了让自己重返校园的机会。"我尝试过，我做到了！"这句话是这本书传达给孩子的最大的财富。

《洞》是迄今为止唯一同时获得纽伯瑞金奖和美国国家图书奖的儿童文学作品，曾将近三年持续占据"今日美国"畅销书排行榜。故事是一场关于精神和灵魂的冒险和奇遇，带有很强的逻辑性，用书里的一句话来说，就是"你必须自己填满这些洞"，才能拼出一个完整的真相。尤其是生活中有过被人冤枉的体验的孩子，读这本书会让孩子释然。

小学高年级，理解力已经相对成熟，逻辑思维能力也在不断完善中，《福尔摩斯全集》能满足孩子这些方面的需求。此外，可以让有能力的孩子读一下《基督山伯爵》。其实不要一听世界名著就觉得害怕，好像孩子理解不了似的。换个角度看问题，如果我们把《基督山伯爵》看成是世界名著版的《肖申克的救赎》，会不会觉得好接受了？实际上，小孩子并不常像我们想象的那样理解力低下，只要循序渐进地引导，他们往往会给我们更多的惊喜。

此外，《欧·亨利短篇小说合集》也可以让这个年龄段的孩子看，从这本书里，孩子们会获取更多关于情节构建的能力。

一本本好书就像一盏盏明灯，孩子们接触这些好书，不但可以让自己的内心高贵，同时也可以非常好地培养孩子的语感，让孩子的学习生活变得游刃有余，这也是提供营养书单的目的所在，希望孩子们通过阅读这些书，成为文理兼通触类旁通的人。

帮孩子拟书单是因为孩子需要成年人的帮助，但是给孩子提供书单的最终目的，是为了孩子将来自己能够懂得选书。实际上，所有的书不是硬性非得按照年龄来看，不能一概而论，要灵活对待。

第八章
CHAPTER EIGHT

智慧书单

汉代刘向说："书犹药也，善读之，可以医愚。"读书确实有"防病"和"治病"的奇效。

我们知道，只要一次美好的阅读体验，就可以造就一个热爱阅读的孩子。一本合适的书，对孩子来说，承载着为他们答疑解惑、开疆拓土的重任。可见给孩子读合适的书有多么重要。

所以英国哲学家考尔登对选书这件事有这样的评论：仅次于选择益友的事，莫过于选好书籍。不好的读物，就像一扇沾满油污的窗户，透过这扇窗户，什么也看不清。

那么，该给孩子提供哪些启迪智慧的书单呢？

一、动物小说

孩子在一定的年龄段，都会有一个迷恋动物小说的时期。孩子为什么会那么喜欢动物小说呢？

因为人类本身就是来自于大自然的，而且永远都不可能摆脱大自然而存在。美国学者盖尔·梅尔森在《孩子的动物朋友》里说："从心理分析的观点来看，孩子和动物分享着一种自然的血缘关系，因为两者都受到不符合人类理性的生物驱动力所影响。"

在孩子成长过程中，从动物的自然属性那里获取的信息，是一份极为重要的精神营养。孩子和动物之间深刻而微妙的关系，揭示了动物对于孩子行为与人格发展的影响。

那么，读动物小说对孩子有什么好处呢？

阅读动物小说，可以让孩子认识不同生命的存在，对生命的理解更加丰富。此外，动物小说挖掘出的都是动物生命中的可贵品质，为孩子检视自己树立了一面镜子。孩子读动物小说，一方面可以唤起自己生活中和动物有关的经验，另一方面，这种经过文学加工的动物形象会带给孩子反思与共鸣。孩子的视野会因为这些动物形象以及其后的背景变得更为宏阔，他也会因为读动物小说对生命的理解变得丰富和完整。

《动物励志小说》一共八本，非常适合小学二三年级的小孩看。基本上，孩子看到这套书之后都能做到手不释卷。小说特别有动感，有想象力，阳光幽默。常新港的笔能触碰到人性的最底部、成长的最深处，他笔下的动物故事能塑造孩子们的美好性格、给孩子打下非常扎实的精神底子。

《西顿动物小说》已经持续畅销将近百年。最大的亮点是既有精彩的动物故事，又有严格的科学性，可以让孩子在看动物小说的同时掌握更多的有关动物的知识。

《柳林风声》是非常经典的动物小说，讲的是三个动物帮助好朋友癞蛤蟆改掉坏毛病的故事。书中的动物形象非常有特点，容易让孩子产生亲近感。有时候，读着读着，孩子会不由自主想自己就是书中的主人公。这就是我们刚才提到的动物小说有时候像一面镜子，可以帮助孩子们检视自己。

《万物有灵且美》系列（《万物有灵且美》《万物刹那又永恒》《万物既伟大又渺小》《万物既聪慧又奇妙》《万物生光辉》）的作者吉米·哈利是英国的一位兽医，有评论说，吉米·哈利在文学方面的贡献可以让很多专业作家汗颜。为什么呢？他的文字中流露的是平实而不失风趣的文风和朴素的博爱主义，没有专业作家的故弄玄虚，他善于从生活中的点滴小事中发掘美好，更重要的是他能够把他的热爱以近乎完美的方式传递给读者，让我们能够同样感受到生命、爱与欢笑。

无论是孩子还是大人，都可以看这套书。表面上看，我们读到的是故事，实际上，我们学到的是一种精神。

读过这本书的读者都知道，吉米·哈利的生活和工作都特别辛苦。他住在兽医诊所提供的免费处所，经常半夜出诊，而且在寒冷潮湿的冬天，他需要救治各种病症的动物。在经济条件生活条件都比较窘迫的境遇下，吉米·哈利能用更宽松的心态看待周围的一切，因为他有一双没被物欲蒙蔽、能够发现美的眼睛。

二、历史作品

每一个孩子，甚至可以扩大到每一个人，都应该读读历史书。

为什么要读历史呢？喜欢历史的孩子，在观察事情的时候会加上时间的维度。他看到的人、事、物，不仅仅是眼前的样子，孩子会自动加上过去的痕迹。他会懂得，现在享有的一切不是凭空而来，是之前很多人努力之后的成果。他会不由自主地热爱眼前的生活，分析问题的时候也会更全面、更客观。

某一段时间网上热议的"空心病"，孩子们说生活没有意义，活着和死去没有太大区别。但是如果一个爱读历史的孩子，思考问题的时候就不会从这个角度出发，他会想到别人为他的付出，想到他的责任，而不是一味只关注自己。

《少年维特之烦恼》里的维特是贵族，常到菜地劳动。在他收获卷心菜的时候，他发现了这里边的乐趣："此刻，摆在面前的，可不只是一颗卷心菜，那栽插秧苗的美丽清晨，那洒水浇灌的可爱黄昏，所有那些为它的不断生长满怀欣喜的好时光，统统都在一瞬间，让你再次享受到了。"这也是对历史作用的最好的注解。

历史是连贯的不断裂的，读历史的人的思路也会是不断裂不片面的。读历史，可以让孩子学会保护自己，少走弯路。奥威尔在《一九八四》中曾说："谁控制过去，就控制了未来。谁控制了现在，就控制了过去。"历史会因为种种原因被篡改。要不怎么有人说，历史是任人打扮的小姑娘。

但是，一个读历史的人，可以看到历史的全貌，心里会有自己的主见，不会人云亦云。在每个选择的关头，不随波逐流，行事会有原则。比如说，孩子们在青春期的时候特别容易受别人的影响，但是如果这个孩子喜欢历史，他会知道，历史上发生过哪些不坚持自己的原则最终让自食恶果的事情，那么当别人要求他一起去做一件不那么好的事情的话，他自己会有思考，不盲从，他就能很好地保护自己。

读历史书的目的不仅仅在了解过去发生的事情，更重要的是为了认识目前发生的事以及未来可能发生的事情。无论现在正面临什么，你会发现，你所面对的问题其实和历史上的问题在一定意义上是一样的。这种思维方式不但可以帮助孩子具体处理眼下的所有问题，更厉害的是，它可以让孩子有更思辨的思考方式，将来无论是写作文还是思考问题的角度会更宏观更广阔。

那么，怎么让孩子开始读历史呢，从历史故事、历史小说开始，让孩子爱上历史。

《写给儿童的中国历史》，台湾小鲁出版社出版。我们不得不佩服小鲁出版社的豪气和远见。他们集合了一批有共同理想的年轻人，有的抵押了屋子，有的掏出了所有的积蓄，没钱的则出力，花了三年时间来做这套书。

　　该书有同步的音频文件。音频有广播剧的色彩，用魔镜公公、莎莎、仔仔三个人物引出历史故事，之后把世界历史和中国历史最有影响力的故事讲给孩子听。孩子小时候，可以先听音频，培养他对历史故事的亲切感，之后自然而然再引导孩子去读这套书。

　　著者给很多孩子推荐了这个音频，好些孩子因此对《写给儿童的中国历史》《写给儿童的世界历史》两套书非常感兴趣。有一回收到这样一个反馈。音乐课上，老师提问，世界上最早戴假发的是谁，最早穿高跟鞋的是谁？一个孩子两次起来回答说：路易十四。全班同学对他刮目相看，老师也说这个孩子的知识量丰富。等到这个孩子上初中的时候，最得心应手游刃有余的科目是历史，当别的孩子费心费力去背历史知识的时候，这个孩子却觉得易如反掌。其实这都得益于小时候的浸润。这种长期的坚持，会让孩子从历史学习中得到成就感，并且会让孩子对历史保持长久的兴趣。

　　《吴姐姐讲历史故事》这套历史读物获得了台湾金鼎奖的推荐，也是畅销很久的好书。和前面推荐的《写给儿童的中国历史》和《写给儿童的世界历史》比起来，这套书里的文字略显深奥。另外，这套书写到明朝就截止了，也许会让有些小读者感觉意犹未尽。如果小学高年级的孩子还没有开始选择阅读中国历史书的话，选择这一套就足够了。

　　原因如下：第一，吴姐姐是历史专家，书中所有的内容，基本都是有据可考的，即便有时候会收取点野史的小片段，吴姐姐也会开诚布公地告诉读者。所以这套书的史料性绝对有保证，同时吴姐姐写得又很有趣。真实有趣是这套书最吸引小读者的地方。

　　第二，吴姐姐公允的历史观。吴姐姐很客观，无论写哪个历史人物，她都比较公正，写尽了这个历史人物的好与不好，不人云亦云。

在一定意义上，这套历史书有"小故事大智慧"的感觉。直观一些说，这套书里的好多故事，可以在孩子写作文的时候当作素材被使用。孩子写友谊，可以从书中找到伯牙子期高山流水有知音。写环保，可以举海瑞重视环保的例子。文似看山喜不平，不平首先可以从孩子占有的资料来着手。

《明朝那些事儿》虽然是断代史作品，但是幽默风趣的文风可以让孩子对历史更亲近些。如果有条件，可以在孩子读完这套书之后，结合着高晓松在"晓说"和"晓松奇谈"里关于明朝的节目"南明悲歌"来听，让孩子感受不同的历史观，或者说同样的历史在不同人眼里的不同的感觉，培养孩子的思考和辨析力。

此外，《我们，我们的历史》是一本通史类绘本，更适合小学低年级小孩看。《希利尔讲世界史》《希利尔讲世界地理》《希利尔讲艺术史》三本书被誉为儿童版的《房龙地理》，不但有智慧还充满了幽默感，都会让孩子产生不一样的感受。

三、青春期读物

众所周知，孩子到小学四年级，开始不好管了，到了五六年级，家长时不时会觉得孩子好像专门和自己对着干似的。确实，青春期准备华丽登场了。

我们在看到青春期孩子的问题表象的时候，容易放大这些问题，最后搞得家长自己特别焦虑。在孩子青春期的阶段，我们要再读一次龙应台在《目送》中这段话："所谓父女母子一场，只不过意味着，你和他的缘分就是今生今世不断地在目送他的背影渐行渐远。你站立在小路的这一端，看着他逐渐消失在小路转弯的地方，而且，他用背影默默告诉你：不必追。"有点感伤，充满无奈，但是这就是生命的本质和意义。

其实，这个年龄的孩子，什么道理不懂？如果用讲道理来沟通的话，他们的道理会比你的更高超。那么，我们不妨让孩子在同龄人的故事里找到自己前进的力量。

《美丽心灵》是一本写给孩子看的心理咨询小说。我们家长容易想当然地觉得，孩子怎么会有心理问题。实际上，孩子会有很多无法排解的困扰，甚至他会通过伤害自己来排解困扰。怎样纾解青春期孩子的情绪，这是个难题。

作者是心理医生，这本小说用文学的方式直面孩子成长的精神苦闷以及伤痛，对孩子的心灵进行了深入的探索，展现了一个多元的情感世界，提出孩子心理疾病与障碍的预防和治疗方案，体现出的人文关怀让人非常感动。此外，作者的笔法比较流畅，读起来也不费劲。

《学会自己长大》。相对来讲，这本书有点四平八稳，但是封面上有一句话特别打动人心："献给那些在成长中感到困惑无助又不肯屈服的青少年。"困惑无助但是又不屈服，不正是青春期少男少女的表现吗？这本书帮助孩子用专业的办法，解决诸如认识自己、学习问题、情绪困扰、管理自己、人际关系、青涩恋情等在青春期遇到的最实际的问题。这本书从规律上告诉孩子们，青春期身体以及精神上会发生的变化，以及怎样去更好地应对。

《妈妈说给青春期女儿的悄悄话》非常系统地为孩子揭开了青春期的面纱，让孩子客观地理解青春期的模样，学会怎样更好地保护自己。一般来讲，估计女孩没到青春期的时候，妈妈就开始着急，东一句西一嘴地向女孩普及身体和心理方面的知识。但是，再怎么努力，也不成体系，而且好多不知道该怎么说出口的话，作者用笔写了出来。

《爸爸说给青春期儿子的秘密话》以爸爸的口吻讲述男孩可能会遇到的各种青春期问题，内容涉及男孩的身体发育、心理发展、学业、交友、异性交往、生活等各个方面。

前面谈到的是解决孩子不同问题，引导孩子全方位调试自己的一些书。我们要不断提醒自己，给孩子提供书单的最终目标，是为了让孩子学会自己选择图书。

在用书单指引孩子从不同角度吸取营养的同时，不要忘记前文提起的阅读技巧，多陪伴孩子阅读，多和孩子探讨，多引导孩子学会思考，让孩子更有智慧，收获多多。

参考书目

[1]　马玲：《孩子的早期阅读课》，文化艺术出版社，2011年。

[2]　李家同：《大量阅读的重要性》，中国人民大学出版社，2012年。

[3]　周其星：《彩色的阅读教室》，北京师范大学出版社，2014年。

[4]　秋叶：《如何高效读懂一本书》，北京联合出版公司，2015年。

[5]　王淑芬：《客厅里的亲子读书会》，北京师范大学出版社，2015年。

[6]　舒明月：《大师们的写作课：好文笔是读出来的》，江苏凤凰文艺出版社，2017年。

[7]　胡雅茹：《我的第一本思维导图入门书》，时代出版传媒股份有限公司，2014年。

[8]　[英]约翰·凯里著，郝明义、骆守怡译：《阅读的至乐：20世纪最令人快乐的书》，译林出版社，2009年。

[9]　[英]艾登·钱伯斯著，许慧贞译：《打造儿童阅读环境》，北京联合出版公司，2016年。

[10]　[美]莫提默·J.艾德勒、查尔斯·范多伦著，郝明义、朱衣译：《如何阅读一本书》，商务图书馆，2004年。

[11]　[美]吉姆·崔利斯著，沙永玲、麦奇美、麦倩宜译：《朗读手册：大声为孩子读书吧》，南海出版公司，2009年。

[12] [美]安妮塔·西尔维著，王林译：《给孩子100本最棒的书》，湖南少年儿童出版社，2010年。

[13] [美]吉姆·崔利斯著，梅莉译：《朗读手册Ⅱ：最适合读给孩子听的经典故事》，南海出版公司，2011年。

[14] [美]斯蒂芬·克拉生著，李玉梅译：《阅读的力量》，新疆青少年出版社，2012年。

[15] [美]克里夫顿·费迪曼、约翰·S. 梅杰著，马骏娥译：《一生的读书计划》译林出版社，2013年。

[16] [美]艾比·马克斯·比尔、普林斯顿语言研究中心著，刘白玉、韩小宁、孙明玉译：《如何阅读：20世纪最令人快乐的书一个已被证实的低投入高回报的学习方法》，中国青年出版社，2016年。

[17] [美]安妮特·西蒙斯著，俞沈彧译：《故事思维：影响他人、解决问题的关键技能》，江西人民出版社，2017年。

[18] [美]珍妮佛·塞拉瓦洛著，刘静、高婧娴译：《美国学生阅读技能训练》，北京科学技术出版社，2018年。

[19] [韩]金明美：《小学阅读能力决定一生的成绩》，中国传媒大学出版社，2011年。

[20] [日]石井贵士著，商倩译：《1分钟超强读书法》，中国水利水电出版社，2016年。

[21] [日]斋藤孝著，赵仲明译：《超级阅读术》，北京联合出版公司，2016年。

[22] [日]奥野宣之著，张晶晶译：《如何有效阅读一本书》，江西人民出版社，2016年。

[23] [日]桦泽紫苑著，张雷译：《过目不忘的读书法》中国青年出版社，2016年。